U0593395

| 光明社科文库 |

大学通识教育比较研究

甫玉龙　于　颖　申福广◎著

光明日报出版社

图书在版编目（CIP）数据

大学通识教育比较研究 / 甫玉龙，于颖，申福广
著 . -- 北京：光明日报出版社，2019.11
（光明社科文库）
ISBN 978 - 7 - 5194 - 5019 - 9

Ⅰ . ①大… Ⅱ . ①甫… ②于… ③申… Ⅲ . ①高等学
校—通识教育—研究 Ⅳ . ①G640

中国版本图书馆 CIP 数据核字（2019）第 114045 号

大学通识教育比较研究
DAXUE TONGSHI JIAOYU BIJIAO YANJIU

著　者：甫玉龙　于　颖　申福广

责任编辑：许　怡　　　　　　　　责任校对：陈永娟
封面设计：中联学林　　　　　　　责任印制：曹　净

出版发行：光明日报出版社
地　　址：北京市西城区永安路 106 号，100050
电　　话：010 - 63139890（咨询），010 - 63131930（邮购）
传　　真：010 - 63131930
网　　址：http：//book. gmw. cn
E - mail：xuyi@ gmw. cn
法律顾问：北京德恒律师事务所龚柳方律师

印　　刷：三河市华东印刷有限公司
装　　订：三河市华东印刷有限公司
本书如有破损、缺页、装订错误，请与本社联系调换，电话：010 - 63131930

开　　本：170mm×240mm
字　　数：160 千字　　　　　　　印　张：15
版　　次：2020 年 1 月第 1 版　　印　次：2020 年 1 月第 1 次印刷
书　　号：ISBN 978 - 7 - 5194 - 5019 - 9
定　　价：93. 00 元

版权所有　　翻印必究

序

今年是新中国成立70周年。70年来我国高等教育走过了一条不平凡的道路，可以分为两个大阶段：改革开放前30年和改革开放以后至今40年。前30年，主要以苏联的高等教育为模式，强调专业教育，认为高等教育是培养专门人才的教育。1949年后，曾经批判过通才教育，并进行院系调整，加强理工科院校的比例。高等学校分两种类型：少数综合大学，大多数都是专业学院。特别是在1958年建立了一批专业学院，如北京航空学院、北京钢铁学院、北京化工学院、北京矿业学院、北京地质学院、北京石油学院、北京邮电学院等，所谓北京八大学院，北京化工大学的前身就是北京化工学院，各省市也办有许多专业院校。这些院校培养的大批专业人才，为我国社会主义建设作出了重要贡献。改革开放以后，我们接受了西方的高等教育理念，认为大学本科应该重视通才教育。这一方面由于20世纪后半叶科学技术的迅猛发展，特别是交叉学科的发展，狭隘的专门人才培养已经不适应时代的要求。另一方面，我国社会实行了市场经济以后，学生毕业不在由国家分配，自主择业也需要

1

有宽广的知识。于是，通才教育重新成为高等学校本科发展的理念，各大学纷纷开设通识教育，拓宽大学生的知识面。

我认为，不仅因为经济社会发展的需要，要拓宽大学本科生的知识，更重要的是，高等学校是实施高等教育的最高学府，肩负着传承文化、追求真理、创新知识、培养人才的重任。世界一流大学都十分重视通识教育课程。所谓通识教育，也就是以人文学科为主，不管是什么专业的学生都需要以此来提高学识、拓展视野、提升品位。哈佛大学于1978年公布了《公共基础课方案》，要求全体学生都要学习文学艺术、历史、社会哲学分析、外国语言文化以及数学和自然科学等五个领域的知识，约占总学分的三分之一；麻省理工学院要求每个本科生必须选修人文、艺术和社会科学领域中的8门课程。美国卡内基教学促进基金会主席博伊曾提出通识教育的内容包括七个主题，即语言（最基本的联系工具）、艺术（美学素养）、渊源（生活的历史）、制度（社会结构）、自然（行星状态）、工作（职业价值和认同）、发展（自身价值及其意义）。通识教育的意义就在于从哲学、历史、语言、文学、艺术、科学等多方面使大学生了解人类发展的历史、人类文明的起源和发展、世界发展的形势和矛盾，能够辨别善与恶、真与假、美与丑，从而树立正确的世界观、人生观、价值观。

当前的形势更需要加强通识教育。当前世界风云变幻，经济的全球化、文化的多元化，各持一端的思潮，青年学生面临着种种挑战。高等学校有责任加强通识教育，使大学生了解国情，了解世界；坚定社会主义的理想信念，提高道路自信、理论自信、制度自信、文化自信，提高文化艺术修养和道德情操，提高历史使命感和奉献祖国的精神。

改革开放以来，我国高等学校在开展通识教育方面积累了一些经验。但对通识教育的认识，开展通识教育的内容和途径，目前存在的问题，还有待深入研究。北京化工大学开展了《大学通识教育比较研究》课题研究，论述了通识教育的理念和当前发展趋势，介绍了美国和俄罗斯通识教育的现状和特点，介绍了我国几所大学的通识教育实施的经验。为我国高等学校开展通识教育提供了理论知识和实际经验。

2019 年 4 月 3 日

目 录
CONTENTS

第一章

导 论

随着国家对复合型人才需求的日益增多和对高等教育的关注度不断加深，通识教育成了当今时代解决教育碎片化的重要手段。经济全球化的浪潮澎湃汹涌，人工智能和"互联网＋"时代对人才提出了崭新的要求，从多层次多角度直面冲击全球的高等教育。跨领域、跨学科的复合型人才，高等教育面临着新时代的新挑战。通识教育在复合型人才的培养过程中，让学生在课程与理念之中更好地体会文理交融、学术碰撞的火花与魅力。在高等教育的人才培养过程中，通识教育扮演着不可或缺的重要角色。

第一节　研究背景及意义

一、研究背景

为了应对专业教育碎片化的问题，20 世纪初通识教育在美国兴起。时至今日，随着全球化进程的加快，通识教育的使命也越发重要——不仅要解决专业教育带来的知识碎片化的问题，还承担着为受教育者搭建通往不同人群之间知识和价值观桥梁的责任，加上在社会背景日渐复杂多元的情况下，通识教育还需要承担培养健全、自由、合格公民的使命，因此通识教育也越来越被人们重视。

　　相比美国而言，我国近代通识教育呈现出起步晚、发展曲折的特点。在民国时期通识教育与专业教育之间的竞争中，专业教育就表现得较为强势，到新中国成立初期工业化的时代，通识教育的发展依旧不容乐观，专业教育作为大学教育的主导模式而存在，而通识教育却被政治教育所吸收和取代。而今为了提高科技创新能力，积极推动建设创新型国家的进程，我们迫切需要提升大学创新人才的培养能力，推动通识教育的进一步发展。在全球化浪潮的推动下，专业教育的弊端也日益显露出来，面对社会发展的日新月异，找到与"专业对口"的工作已经不再是大学毕业生的一个目标了，而专业教育将学生的学习限制在狭窄的知识领域内，不利于大学毕业生快速提高适应工作的能力，由此可以看出，通识教育的存在及发展有其自身的合理性。随着近年来人才培养模式的不断变革，通识教育已经成为一个备受瞩目的焦点问题。我国在不久前颁布的"十三五"规划纲要中提出了专业教育和通识教育相结合的培养制度，这对于推进我国大学通识教育发展无疑具有重要的指导意义。与之相反，目前国内学术界对国外大学的通识教育研究取得了一定成果，但是对俄罗斯通识教育的研究还比较少，因此本文通过查阅与俄罗斯通识教育内容相关的中外文资料，对俄罗斯通识教育的现状与特点进行有效补充，并进一步审视与反思我国大学通识教育的现状与问题，并进而提出有效的对策与建议。

二、研究意义

时至今日，虽然距离20世纪50年代俄罗斯的第一次高等教育改革已近半个世纪，但与欧美国家的大学情况相比，国内关于俄罗斯大学通识教育的中文文献资料却少之又少。以知网为例，搜索关键词"俄罗斯通识教育"得出与之相关内容仅有5篇，中文文献的稀缺，导致了国内学界对俄罗斯大学通识教育的有关情况知之甚少。因此本书的第四章系统梳理了俄罗斯大学通识教育的发展脉络，在此基础上对其特点进行概括、总结，并使用比较法将其与我国大学通识教育的发展情况进行了比较，不仅有助于人们全面地了解俄罗斯大学通识教育的发展进程，而且比较深入地揭示了中俄两国大学通识教育的异同，对于今后继续开展大学通识教育的比较研究具有重要的意义。

第二节　国内外研究现状与综述

一、国内相关研究综述

通过查阅中国知网（CNKI）资源共享平台，检索项为"篇名"，检索词为"通识教育"，得到相关文献650篇，检索词"大学通识教育"共69篇，在对这些文献进行整理后综述如下。

（1）对大学通识教育内涵的相关研究

对于通识教育的内涵目前还没有一个权威性的描述。刘菊青"在大学通识教育内涵层次机构"中首先从宏观层面对通识教育进行深入分析，基于历史视角出发，发现通识教育不仅是教育思想，更是一种大学理念，现在通识教育已经从一种大学理念转变为一种人才培养模式，然后从微观层面对通识教育进行不同层次的理解[①]。葛宇宁认为通识教育从内容上看是与专业教育相对应的一种教育，属于非职业教育；从性质上看，是一种"成人教育，而不是成才教育"；从归宿来看，是一种理性教育，强调培养人的理性，目标是把人培养为"理性人"。[②] 贾宏宇从广义和狭义的角度分析通识教育的内涵，认为广义上的通识教育是关于办学理念与思想，狭义上认为通识教育是与学生未来职业生涯无关的教育内容，它是专业性不强的教育，而且从内容上它为学生提供的是一个人本身所具备的重要的知识与技能，并且为一个人的一生的发展打下基础，对人的发展有一定影响。综上所述，尽管对通识教育内涵的描述形形色色，但其实本质上并无差别，只因个人的侧重点不同所以对相关内涵的描述也不尽相同。[③]

（2）对国内大学通识教育实施情况的相关研究

首先，在这部分中运用个案研究的方法着重细节分析某个大学通识教育的实施情况，例如，俞学明在以《中西文明通论课程为统

① 刘菊青. 大学通识教育内涵的层次建构［J］. 中国成人教育，2016（5）：27 - 30.
② 葛宇宁. 论大学通识教育与逻辑教育［J］. 教育评论，2016（9）：29 - 33.
③ 贾宏宇. 对我国大学通识教育的反思研究［J］. 当代教育实践与教学研究，2016（1）.

领打造"有灵魂的通识教育"体系——中国政法大学通识课程改革的实践与探索》一文中以中国政法大学为对象，介绍了政法大学中西文明通论课程的课程教学、运行模式及具有特色的教学实践方式等①。还有一种情况是在国内大学通识教育普遍实施情况的相关研究中着重于对通识教育某一课程的相关情况进行研究，例如《论经典阅读在大学通识教育中的作用》一文中笔者强调经典教育在大学通识教育中的作用，并谈论我国高校经典阅读课程建设，在这部分中既以香港中文大学为例谈论了我国高校在经典阅读课程建设方面的较为成功的案例，又谈论了国内通识教育经典阅读实践的普遍情况，最后提出要以经典阅读为核心，推动通识教育的发展，其具体措施如下：编制经典阅读教材，以多种方式研读经典，建立通识教育"共同核心课"和加强高校图书馆通识教育经典馆藏的建设和服务。②

（3）侧重探索国内大学通识教育的道路

在探索国内大学通识教育道路中，首先侧重于从宏观上论述我国国内大学通识教育普遍存在的困境及对策。如胥秋认为我国大学通识教育在通识教育理念层面存有偏差，通识教育课程比例较低，通识教育和专业教育分段而设，通识教育课程内容不"通"，通识教育授课形式单一，通识教育课程管理过于宽松的问题，在此基础上提出通识教育的改革思路，即对通识教育的课程进行整体设计，开

---

① 俞学敏. 以中西文明谈论课程为统领打造"有灵魂的通识教育"体系：中国政法大学通识教育课程改革的实践与探索［J］. 中国大学教学，2017（3）：29－33.

② 李雅. 论经典阅读在大学通识教育中的作用［J］. 高校图书馆工作，2017（178）：14－18.

发通识教育的交叉学科课程，对通识教育实行严格的管理。① 贾宏宇认为我国大学通识教育现状存在着课程设置不完善，教育途径比较单一，课程管理制度不够科学的问题，并在此基础上提出了对通识教育内涵的正确领悟，加强高校的师资队伍建设，制定相应的教育计划的改善措施。② 其次侧重在微观上论述我国国内某一大学通识教育存在的问题及相关对策。比如施林淼基于对南京大学的个案的分析发现尽管一流大学有强大的师资和学科作为基础和后盾，但在本土化建设初期，存在通识教育课程的数量、质量与结构问题和通识教育课程与专业课程的冲突问题。基于此，他建议首先应该通过制定激励机制，充分挖掘本校优秀师资开设通识教育课程；其次，要敏锐觉察到教育技术的最新发展，通过慕课（MOOC）来弥补通识教育课程数量不足的状况；再次，提出要保证新增加的课程质量，需要对通识教育课程建立相应的专门的质量监控体系，设置专业化的评价指标，在保质前提下的达到数量提升。③ 另外还有通过比较分析法对国内大学通识教育和国外通识教育进行比较与分析，并对其提出建议。如张亚群、冯寅，以"大学通识教育联盟"为例，考察北京大学、清华大学、复旦大学和中山大学的通识教育改革措施，从通识课程模块、通识课程内容、通识课程学分与课容量、课程改革动向等方面入手，比较和分析各校传统文化课程设置特点，得出

① 胥秋. 我国大学通识教育发展的问题与改进策略［J］. 江汉大学学报（社会科学版），2017（34）：112 – 115.
② 贾宏宇. 对我国大学通识教育的反思研究［J］. 当代教育实践与教学研究，2016（1）.
③ 施林淼. 国内一流大学通识教育课程本土化初期的问题及对策：基于南京大学的个案分析［J］. 福建师范大学学报（哲学社会科学版），2016（5）：151 – 156.

了四校文史课程充足，但模块内课程量差异较大，授课内容较集中，但部分学校课容量偏大，本科生修课总量过重的结论，在此情况下提出了将传统文化定为通识教育核心课程，作为本科共同基础课程；将"经史相合"的理念融入传统文化课程建设中，发挥经典核心课程的作用；采用阅读、讲授与讨论相结合的教学方式，开发和整合教学资源，完善通识课程体系，培养大学生的民族认同和文化认同，凝聚共同的核心价值观的相关举措。① 如下表所示，王建设对国内外5所研究型大学通识教育的基本内容和实施情况进行比较，分析其通识教育理念、基本内容、核心课程建设等方面的异同，并对高校提出在结合国情、校情的基础上，进一步明确通识教育的理念，注重管理体制创新、课程建设的创新、培养环节的创新等建议，以期达到共同推动我国特色教育的发展和人才培养的目标。②

表 1.1 5 所高校通识教育理念及培养目标一览③

学校	通识教育概念	培养目标
哈佛大学	哈佛的教育是自由教育；学生需要具有国际视野；教育是为今后的生活做准备；学生需要具有科学素养；学生需具备批判精神和对事物的反思能力。	让每一个哈佛学生具备以下素质：积极准备进行社会公民参与，具有正确的文化态度，可以批判性和建设性地适应社会之变化；通晓言行的道德尺度与标准。

---

① 张亚群，冯寅. 经典的价值："大学通识教育联盟"四校的传统文化课程评析 [J]. 深圳大学学报（人文社会科学版），2016（3）：148 – 155.
② 王建设. 国内外 5 所研究型重点大学通识教育对比分析及经验启示 [J]. 贵阳学院学报（社会科学版），2017（2）：78 – 83.
③ 资料来源于 5 所高校官方网站关于本校通识教育方面的介绍. 转引自王建设. 国内外 5 所研究型重点大学通识教育对比分析及经验启示. 2017.

续表

学校	通识教育概念	培养目标
台湾大学	致力于建立人的主体性与关系性，以完成人之自我解放，并形塑重视公共利益及能与自然环境和谐共存的社群，且与人所生存之人文、社会及自然环境建立互为主体性之关系。	使学生具备独立思考与创新、道德思辨与实践、身心健康管理、履行公民责任、人文关怀、沟通表达与团队合作、国际视野、了解并尊重多元文化、美感品位等九大核心能力。
香港中文大学	旨在为全体本科生提供均衡教育，促进学生智性的全面发展。	拓展知识视野，培养处理新问题的能力；积极思考历久弥新的课题，探讨智性追寻与个人在工作、家庭及小区生活的联系；对中国文化传承及其他文化传统有更深入的了解；培养表达、沟通及批判思考所需的态度及能力；扩展好奇心，广泛阅读，发展自主学习及团队合作所需的态度及技能。
北京大学	培养"引领未来的人"	应当更具独立精神和创新精神，能够主动开拓进取；能够学习和借鉴世界文明的优良传统，担负起重建社会价值观、引领社会风尚的责任。
复旦大学	以人为本的全面素质教育	传递科学与人文的精神，培养学生具有完全的人格，领悟不同的文化和思维方式，养成独立思考和探索的习惯，对自然和社会有更高境界的把握。

表 1.2　5 所高校通识教育核心课程体系及修读要求一览①

学校	课程模块（学科领域）	修读要求	占毕业课程的比重
哈佛大学	审美和诠释 文化和信仰 实证与数学推理 伦理推理 生命系统科学 物理宇宙科学 世界的各种社会 世界中的美国	从 8 大类核心课程体系中选修 8 门课程	25%
台湾大学	文学与艺术 历史思维 世界文明 哲学与道德思考 公民意识与社会分析 最化分析与数学素养 物质科学 生命科学	修读 18 个学分	23%
香港中文大学	分为大学通识教育及书院通识教育两部分 大学通识教育分为：中华文化传承；自然、科学与科技；社会与文化；自我与人文 学生须按所属书院之规定修读书院通识教育科目	大学通识教育 15 学分；书院通识教育至少 6 学分	17%

---

① 资料来源于 5 所高校官方网站所列出的本科生培养方案。转引自王建设. 国内外 5 所研究型重点大学通识教育对比分析及经验启示. 2017.

续表

学校	课程模块（学科领域）	修读要求	占毕业课程的比重
北京大学	数学与自然科学 社会科学 哲学与心理学 历史学 语言学、文学、艺术及美育 社会可持续发展	修读 12 学分	9%
复旦大学	文史经典与文化传承 哲学智慧与批判性思维 文明对话与世界视野 科学精神与科学探索 生态环境与生命关怀 艺术创作与审美体验	修读 12 学分	8%

表 1.3　5 所高校通识教育实施组织结构及主要职责一览①

学校	主要组织机构	主要职责
哈佛大学	哈佛学院 核心课程委员会及常务委员会	"哈佛学院"负责全校的通识教育师资队伍和教学安排。学校层面设立"核心课程委员会"负责核心课程的建设事宜，并下设常务委员会，主席一般是哈佛学院院长兼任；委员会由许多以学科领域为主导的分委会组成，分别负责相关领域的核心课程建设，各个学院选拔优秀教师甚至是由教授来进行授课
台湾大学	学校共同教育中心	负责学校通识教育课程规划、审核、师资培育等

---

① 资料来源于 5 所高校官方网站关于本校通识教育方面的介绍。转引自王建设：《国内外 5 所研究型重点大学通识教育对比分析及经验启示》. 2017 年.

学校	主要组织机构	主要职责
香港中文大学	教务会通识教育委员会，下设常务委员会，书院通识教育委员会和大学通识教育部	负责通识课程规划、审批、督导等
北京大学	教务部	教务部负责统筹管理全校范围的通识教育核心课程建设申报、立项、核准、考核等常规工作
复旦大学	通识教育委员会 复旦学院	通识教育委员会主要负责核心课程的顶层设计和规划。复旦学院（本科生院）为专门设立的机构，规整了原复旦学院、教务部门、本科招生部门等相关部门的职能；本科教育阶段全面实施住宿书院制度，所有本科生在大学期间都进行从始而终的书院生活和学习

二、国外相关研究综述

对国外通识教育的研究主要集中在美国大学通识教育相关研究方面，这主要是因为美国的大学作为通识教育的"先驱者"有相对比较丰富的经验。用同样的方式检索知网，从题目上看，发现相关文献中，除美国大学通识教育外，涉及其他国家的通识教育的文献仅有5篇，在这5篇文献中主要包括英国大学的通识教育、日本大学的通识教育以及澳大利亚大学的通识教育。

（1）英国的大学通识教育的相关研究

在涉及英国大学通识教育的有关研究中，主要是采用对比分析法将英美两国大学通识教育的有关情况进行研究分析，并从中获得启示。比如殷冬玲比较英国大学与美国大学通识教育的理念与实践，发现异同并存，即在目的演进上都是从关注心智的陶冶到公民的养成，然而在教育模式上，英国大学采取隐性教育方式，而美国大学独设显性课程模式。之后作者反思了我国通识教育的现状，并提出了应该借鉴类似于英国大学的方式，在潜移默化中进行通识教育，并通过全方位打造使我国大学的通识教育沿着中国特色的通识之路前进。①

（2）日本的大学通识教育的相关研究

日本的大学制度在"二战"前是按照德国的模式设置的。"二战"后日本的通识教育移植了美国的模式，20世纪90年代中期日本取消了国立大学教养学部的实施载体后，通识教育整体出现衰退。学者刘爽以日本九州大学为例，详细描述了九州大学通识教育的目标，九州大学课程的实施体制和运营组织，并按照时间顺序阐述了九州大学1999年和2014年两次课程设置的改革，最后提出建议：九州大学加强了通识教育实施组织，但要想真正发挥全校性共建模式的优势还需要进行教师意识改革。② 吴守荣等运用PDCA法，即大学理念与人才培养目标（Plan），通识教育的具体措施（Do）与效果评价（Check）及持续改进机制（Act）探究日本东京大学通识教育的路径，并提出从完善通识教育课程设置，优化通识教育管理，提高通识教育国际化水平四方面提升

---

① 殷冬玲. 英美大学通识教育目的与模式的比较及启示［J］. 扬州大学学报（高教研究版），2017（2）：9－12.

② 刘爽. 日本九州大学通识教育的改革实践和现状［J］. 亚太教育，2016（29）：121－123.

我国通识教育水平。①

（2）关于美国大学通识教育的实践研究

学者倪东在《基于课程视角的美国大学通识教育对我国高校的启示》一文中按历史发展的脉络大致介绍了美国通识教育发展的过程——现代美国大学的起点为 1917 年到 1919 年的哥伦比亚大学的实践。之后，芝加哥大学将哥伦比亚大学的两年制扩展为四年制，由此美国通识教育模型初步成型，随着时代的发展，哈佛大学在原先的七艺②的基础上增加了社会、人文等学科，使通识教育的课程体系更加完善，并延续至今。虽然在 20 世纪 60 年代美国通识教育体系曾遭受过重大的打击，但伴随着教育质量的下降引发的人才断层等相关社会问题的出现，也让人们意识到通识教育的重要性，20世纪末至今，通识教育已经成为美国大学本科教育的核心。③ 历史在发展，时代在前进，美国大学通识教育的理念并不是一成不变的。美国作为一个移民国家，早期大学受英国的影响，实行的是"自由教育"，后来才逐渐成为"通识教育"，其核心理念的变化也可以从相关的报告中反映出来，程宏云阐述了 1828 年公布的《耶鲁报告》和 1945 年公布的《哈佛委员会报告》两个标志性报告的核心理念④，从关注"理性养成"到注重培养"好人和公民"，这体现了美

---

① 吴守蓉．郭晓凤．白石则彦．日本东京大学通识教育路径探究：基于 PDCA 分析 [J]．中国高教研究，2016（10）：78 – 82.

② 七艺：几何、天文、数学、逻辑、语法、修辞、音乐。

③ 倪东．基于课程视角的美国大学通识教育对我国高校的启示 [J]．法治与社会，2017（4）．228.

④ 程宏云．美国大学通识教育理念的嬗变与实践探索 [J]．安徽广播电视台学报，2016（2）：87 – 90.

国大学通识教育的教育理念的重要变化。如果仅有理念，没有实践，通识教育的发展就会变成空想。美国研究型大学在历经百余年的实践探索，已经积累了丰富的经验，目前实行的课程模式也丰富多彩，出现了以哈佛大学为代表的核心课程型，以芝加哥大学和哥伦比亚大学为代表的经典名著课程型和以其他多数高等院校为代表的分布必修型。其中，以哈佛大学课程设置最具有代表意义，对哈佛大学通识教育课程设置的实践探索主要经历了1869年的艾略特的选修制改革——《哈佛委员会报告》倡导的改革——1985年明确将课程分为6大类①的改革的过程，此后，哈佛大学核心课程的框架一直延续至今，但内容却随着时代发展不断变革，这体现了哈佛大学通识教育课程设置的时代性和创新性。纵观我国目前通识教育的困境，从美国大学通识教育的有关经验中获得启示，作者认为，应当强化人们对于通识教育的认识以及通识教育的作用，其次可以开展相关的名著导读课程以丰富人们的内在修养，为达成"统一人格"的目标而服务，最后，在教师方面，应该加强教师的师资力量，在教学方式上教师也应该多注重与学生的互动、对学生的启迪和相关研究，从而使学生能够在合作中获得启迪和智慧。

---

① 6大类：文学与艺术、科学、历史研究、社会与哲学分析、道德思考、外国文化。

第三节　研究思路及研究方法

一、研究思路

习近平同志在写给清华大学的贺信中指出："教育决定着人类的今天，也决定着人类的未来。人类社会需要通过教育不断培养社会需要的人才，需要通过教育来传授已知、更新旧知、开掘新知、探索未知，从而使人们能够更好认识世界和改造世界、更好地创造人类美好的未来。"① 毫无疑问，通识教育不仅可以弥补专业教育带来的知识碎片化、零散化问题，达到开阔眼界的目的，而且还可以为实现把公民塑造成为"有教养的和完整的人"的宗旨迈出重要一步。

本书以大学的通识教育为研究对象，从六部分进行论述。

第一部分为导论。主要包含研究背景和意义、相关概念界定、国内外研究现状与综述、研究思路及研究方法。

第二部分为理论研究部分。本部分对通识教育的相关理论进行了阐释，同时对于通识教育的相关概念进行了深入分析。

第三部分为大学通识教育发展的未来趋势。通过对美国、英国等国家大学通识教育发展的现状与特点进行梳理与归纳，进而对未

---

① 转引自：李引进. 通识教育的裂变与重建［M］. 上海：上海交通大学出版社，2017：1.

来通识教育发展的趋势与特点进行判断，并加以论述。

第四部分为俄罗斯大学通识教育的发展现状和特点。在这部分中，首先通过俄罗斯大学课程设置的发展脉络和人道主义思想对俄罗斯大学课程的影响这两部分来论述俄罗斯大学通识教育的起源，之后选取三次重大的俄罗斯教育体制改革来对俄罗斯大学通识教育的发展现状进行陈述，最后对俄罗斯大学的通识教育特点进行概括和总结。

第五部分为我国大学通识教育的现状与特点。在这部分中，首先对我国大学通识教育的发展做一个历史性的回顾，然后阐述我国大学通识教育的整体发展现状，之后以北京大学、浙江大学、北京航空航天大学、北京师范大学等几所高校的通识教育为对象对其发展现状和特点进行论述。

第六部分为我国大学通识教育的实践与新动向。分析我国大学通识教育的实践性与创造性，对中外大学通识教育之异同点进行简要分析，进而得出结论。

二、研究方法

（一）文献分析法

文献分析法是指通过搜集、鉴别、整理各种形式的文献资料，并对这些文献进行梳理和研究，形成对事实的科学认识的方法。结合研究问题，本书主要通过图书馆、网络等途径搜集与通识教育相关的文献资料，并对有关内容进行整理研究，从中提炼出大学通识教育的相关内容及相关文献，然后进行综合研究，找出蕴含其中的共同理念，得出一般性的结论。

（二）比较分析法

比较分析法是指根据一定的标准，对两个或两个以上有联系的事物进行考察，寻找其异同，探求普遍规律与特殊规律的方法。本书第六章正是通过我国大学通识教育的现状与特点和俄罗斯大学通识教育发展的现状和特点进行论述，并将中俄两国大学的通识教育进行比较，来探索其异同。

（三）历史研究法

历史研究法又称纵向研究法，是运用历史资料，按照历史发展顺序对过去事件进行研究的方法。论文多处使用历史研究法，例如，在我国通识教育的现状和特点这一部分首先对我国大学通识教育发展的历史所做的回顾，就是按照纵向研究的方法进行梳理的，例如，在北师大通识教育发展的现状与特点中也是运用纵向研究的方法对北师大通识教育的发展历程进行论述的。

（四）个案研究法

个案研究法又称案例研究法，是指对某一个体、某一群体或某一组织在较长时间里连续进行调查，从而研究其行为发展变化的全过程。本文选取了北京大学、北京航空航天大学、北京师范大学、浙江大学等进行个案剖析，分析各个大学的通识教育的现状和特点，从点到面，深入分析我国大学通识教育总体的现状和特点。

第二章

大学通识教育的理论阐释与概念分析

美国博德学院的帕卡德教授在《北美评论》撰文捍卫耶鲁报告，文中用通识教育（general education）为共同学科辩护，提出："我们学院预计给青年一种 general education，一种古典的文学和科学的、尽可能综合的教育，它是学生进行任何专业学习的准备，为学生提供所有知识分支的教学，这将使得学生在致力于学习一种特殊的、专门的知识之前对知识的总体状况有一个综合的、全面的了解"。①这被普遍认为是第一次将通识教育与大学教育相结合。现代意义上的通识教育兴起于 20 世纪 20 年代的美国哥伦比亚大学②，在进入 40 年代以后，芝加哥大学和哈佛大学先后推行了各具特色的通识教育，奠定了通识教育在美国大学本科教育中的核心地位。60 年代的学生运动风起云涌，严重冲击了大学的通识教育；70 年代末 80 年代初，通识教育又得到了再次重视，1987 年斯坦福大学的通识教育改

---

① 张凤娟. "通识教育"在美国大学课程设置中的发展历程 [J]. 教育发展研究，2003（9）：92－95.

② 北航高研院通识教育研究课题组. 转型中国的大学通识教育：比较、评估与展望 [M]. 杭州：浙江大学出版社，2013：1.

革将这场复兴运动推向了高潮。在 20 世纪 90 年代末和 21 世纪初，新一轮的通识教育改革再次登场了，为了有效应对新世纪的挑战，麻省理工学院和哈佛大学先后于 2006 年和 2007 年推出了通识教育的改革方案。通识教育历经近百年的发展，尤其是进入 21 世纪以来，通识教育又焕发出勃勃的生机。

第一节　通识教育的理论阐释

《哈佛大学通识教育红皮书》中这样写道，通识教育（genereal education）不是关于一般知识的空泛教育；也不是普及教育意义上的针对所有人的教育。它是指学生整个教育中的一部分，该部分旨在培养学生成为一个负责任的人和公民。[①] 从某种意义上来讲，通识教育实际上是古典时期针对少数上层人士的自由教育（liberal education）的现代延续，目标是培养完整的人和自由的公民。通识教育与专业教育是截然不同的，专业教育是旨在培养学生将来从事某种职业所需的能力，所以，在某种意义上来讲，专业教育是"去自由的"，主要目的在于训练学生像专业人士一样思考。因此，通识教育在 20 世纪初的兴起，恰恰正是为了应对 19 世纪末急剧分化的专业教育所带来的知识碎片化问题。在保证学生将来成为各行各业专家的同时，仍不失健全的人格和自由的品性，并且有能力应对未来社

---

① 哈佛委员会. 哈佛通识教育红皮书 [M]. 李曼丽，译. 北京：北京大学出版社，2012：2.

会在专业领域之外提出的种种挑战。通识教育与专业教育应是相辅相成，相得益彰。

一、通识教育的含义

通识教育概念起源西方，英文为"general education"，通常译为通识教育，或译为普通教育、一般教育、通才教育等。通识教育是西方自由教育的发展，自由教育（Libera Education）是通识教育的源头和基础。Libera Education 常译为自由教育、心智教育、博雅教育。柏拉图认为每个人的灵魂中都有理性、激情、欲望三种成分，欲望占据灵魂的大部分，贪图财富。良好的教育可以使人性得到改造，人的理性和激情受到良好培养和训练，使理性得到加强，用理性领导激情和欲望，理性、激情和欲望三者间的关系才能得到协调，三部分彼此友好和谐，人们从而成为理性的和自由的人。柏拉图希冀的理想人格是身心和谐发展，具体而言则是有良好的记性、敏于理解、豁达大度、温文尔雅、爱好亲近真理、正义、勇敢和节制。柏拉图将数学、几何、天文学、音乐列为必修的四门学科，和早期智者建立的文法、修辞、辩证法合成"七艺"，在西方历史上成为学校教学科目长达 1000 多年。柏拉图认为，研究上述学科，要深入研究它们之间的相互联系和亲缘关系，并且得出总的认识，对这些学科的研究才算有了结果，才有助于达到既定的目标。这就提出了研究辩证法——哲学的问题。辩证法是最高的学问，上述学科都处于其下，都是其基础和预备。当一个人能够靠辩证法通过推理而不管感官的知觉，以求把握事物的本质，并坚持靠思想本身理解善的本质，他就达到了可以理解事物的顶峰。这一个思想的过程就叫作辩证的过程。①

亚里士多德继承并发展了柏拉图的自由教育理念。他认为人区别于动物的重要特征是人具有理性，而其他动物则顺应天赋（本能）行动。人类除了天赋和习惯之外，又有理性，理性实为人类所独有。人类对理性、天赋、习惯三者必须追求其相互间的和谐，方可乐生遂性，而理性是三者中的基调。若三者不相和谐，则违背天性和习惯，而是依从理性，把理性作为行为的准则。人生的最高目的是修炼理性，运用思想。道德教育的核心问题是培养人理性，节制情欲。身体从属于灵魂，灵魂的情欲部分受制于理性，是合乎自然的、有益的，若两者平行或倒转关系，则有害无益。教育的目的在效法自然，并对自然的缺漏加以殷勤的补缀。②

卢梭在其著名教育论著《爱弥儿》中提出："遵循自然，跟着它给你画出的道路前进。它在继续不断地锻炼孩子；它用各种各样的考验来磨砺他们的性情……通过了这些考验，孩子便获得了力量；一到他们能够运用自己的生命时，生命的本原就更为结实了。这是自然的法则。""大自然希望儿童在成人以前就要像儿童的样子。如果我们打乱了这个次序，我们就会造成一些早熟的果实，它们长得既不丰满也不甜美，而且很快就会腐烂：我们将造成一些年纪轻轻的博士和老态龙钟的儿童。""儿童是有他特有的看法、想法和感情的；如果用我们的看法、想法和感情去代替他们的看法、想法和感

---

① 单中惠，杨汉麟主编. 西方教育学提要［M］. 北京：中国人民大学出版社，2016：2 - 6.
② 同上：11 - 12.

情，那简直是最愚蠢的事情。"① 卢梭强调遵循自然规律、儿童成长规律，不能揠苗助长，强调尊重、呵护儿童特有的看法和情感，而不是以成人的标准审视、批判之，只有这样才能使儿童亲近自然、自然成长，使其清醒得到应有的、自然的磨砺和锻炼。卢梭的教育观与柏拉图、亚里士多德一脉相承，也是自由教育观念。他认为人的身心的自由成长、人的自然的情感等至为重要。

与自由教育理念相适应的是博雅教育观念与方式。柏拉图秉持自由教育理念，批评斯巴达城邦以军事和体育为主的教育，赞同雅典城邦的全面教育，并提出"七艺"的教育科目。亚里士多德认为"须有某些科目转以教授和学习操持闲暇的理性活动"②。柏拉图倾向于广博的知识而非狭窄的专门教育，不是以具体的职业岗位为目标，而是突出人在道德、理性、智力、知识、体育、美育等各方面的全面发展。

19 世纪初，西方教育学者在自由教育、博雅教育基础上提出了通识教育理念（general education）。General education 由美国 Bowdoin College 的 A. S. Parkard 教授首次提出。1828 年，A. S. Parkard 教授撰文认为，共同学科的公共课是进行专业教育的前提，大学应设公共课，大学生应学习有关的公共课，只有这样才能使学生拥有一定广度的知识、技能和素养，并称这种教育为通识教育。③ 1943 年，哈佛大学组织 12 位著名教授专门研究"现代社会中的通识教育目标问

---

① 卢梭. 爱弥儿［M］. 北京：商务印书馆，2003.
② 亚里士多德. 政治学［M］. 吴寿彭，译. 北京：商务印书馆，1981：395 – 411.
③ A. S. Parkard, The Substance of Two Reports of the Faculty of A mberst College to Board of Trustees with the Doings of the Boardthereon, North American, 1829.

题"。1945 年，哈佛大学发表了研究报告——《自由社会的通识教育》。报告封皮为红色，于是通常被称为《哈佛通识教育红皮书》。报告提出，通识教育的目标是培养学生思考能力、沟通能力、判断能力、价值认知能力，培养学生成为民主社会中的合格公民。哈佛大学由此掀起美国大学通识教育的浪潮，是通识教育成为美国大学课程改革的主要内容和推动力，促进了美国本科教育的改革和发展。1978 年，哈佛大学发表《哈佛大学关于核心课程报告》，把文学与艺术、科学与数学、历史研究、社会与哲学分析、外国语和文化作为通识教育课程的五大领域，并开始实施。1985 年，哈佛大学把核心课程从过去的五大领域调整为文学与艺术、科学、历史研究、社会分析、道德思考、外国语文化六大领域。2006 年哈佛大学的核心课程增加了定量推理，从六大领域扩大为七大领域。①

　　通识、博雅是我国古代教育思想的核心之一。儒家强调六艺，即礼、乐、射、御、书、数六项基本知识、技能和素养。礼是指社会规范、伦理道德，乐是指审美体认，射指射箭，御指驾车，书指典籍文献，数指算数、数学。孔子讲："射不主皮，为力不同科，古之道也。"（《论语·八佾》）"君子无所争。必也射乎。揖让而升。下而饮。其争也君子。"（《论语·八佾》）将军事战斗技术改造为以修身养性为目的的体育运动。所以，六艺包括了德、智、体、美、知等方面的内容，当然其中的主导是道德人格的建构与修养。子夏曰："博学而笃志，切问而近思，仁在其中矣。"（《论语·子张》）

---

① 哈佛委员会. 哈佛通识教育红皮书［M］. 李曼丽，译. 北京：北京大学出版社，2012：2.

《礼记·中庸》："博学之，审问之，慎思之，明辨之，笃行之。"指出了为学的基本内容与主要阶段，讲求知识的广度、追寻与反思的深度、辨识的准确和践行的笃实等。

总体而言，我国古代教育是一种道德人格、历史人文教育。以经、史、子、集为主要知识范围，以四书五经为主要学习和考核对象，注重伦理道德哲学、社会政治事务的理解、阐释和运用等，自然科学、工程科学的研究和教育处于次要和附属的地位，农耕文明和中国文化的特性形成了这种情况。1840年，工业革命后英国的坚船利炮及其带来的侮辱、压迫、殖民统治等使中国政府、中国人民逐渐醒悟，废除科举、开办西式学堂、留学求知、开办实业等，自然科学、工程科学逐渐为人们所重视，但是这一历史时期中国面临着亡国灭种的危机局面，救亡图存是迫切需求，现代教育也处于起步阶段。中华人民共和国成立后，结束了中国半殖民地半封建的历史，中华民族获得独立和解放。因为当时国际上出现了以苏联为首的社会主义阵营同以美国为首的资本主义阵营尖锐对峙的局面。美国的资本主义阵营国家先是扶持蒋介石国民党集团，后是对新中国施行敌对封锁政策。中国采取与苏联为首的社会主义阵营国家建立友好关系，打开新中国外交局面。中国在各方面学习苏联经验，其中包括教育的理念、制度、模式等。国家变英美教育模式为苏联教育模式，为适应国家建设急需，采取繁多、细致的专业分类，以培养满足特定职业岗位需要的专门人才为目标。

二、通识教育的基本理念

教育理念随着社会经济的发展而发展。改革开放后，人们对既有体制机制、理念模式等多方面展开反思，相对于过去的专门化、实用化、高效率的专科性教育，人们开始更加强调专门技术人才所需的基础素养，大力提倡素质教育，教育部也派出专家，考察国外大学教育模式，进行科系与专业设置的调整，开展人才培养模式改革。随着国外通识教育理念与模式的引进，20世纪90年代，我国大学兴起文化素质教育，力图改变过分强调专业教育而忽视综合素质的状况。[①] 1998年教育部高教司发出《关于加强大学生文化素质教育的若干意见》，强调："以前，我国高等教育存在着单科性院校较多，文理工分家，专业设置过窄，单一的专业教育思想和教育观念突出，功利导向过重，忽视文化素质教育等问题。""随着世界科学技术的发展进步和物质财富的高速增长，社会对科学技术的极大重视和对物质利益的强烈追求，科学教育备受青睐，人文教育受到冷落，并随之带来一系列世界性的社会问题。为此，各国都在采取各种办法整合科学教育和人文教育，特别是把提高学生的人文素质作为高等教育改革的重要方面，以促进精神文明与物质文明的同步发展，建立人与自然、人与社会、人与人之间的和谐关系。加强文化素质教育正是这一时代发展的要求，是社会可持续发展对高素质人才的呼唤。""加强文化素质教育，对于促进教育思想和教育观念的转变，推动高等学校人才培养模式、课程体系和教学内容的改革，培养适应21世纪需要的高质量人才，具有重要意义。""加强文化素质教育，是一种新的教育思想和观念的体现，不是一种教育模式或分类。因此，各高等学校要确立知识、能力、素质协调发展，共同

---

① 李本义. 通识教育导论［M］. 武汉：长江出版社，2017：15.

提高的人才观，明确加强文化素质教育是高质量人才培养的重要组成部分，必须将文化素质教育贯穿于大学教育的全过程，进而实现教育的整体优化，最终达到教书育人、管理育人、服务育人、环境育人的目的。"1999 年《中共中央 国务院关于深化教育改革 全面推进素质教育的决定》指出："实施素质教育，就是全面贯彻党的教育方针，以提高国民素质为根本宗旨，以培养学生的创新精神和实践能力为重点，造就'有理想、有道德、有文化、有纪律'的、德智体美等全面发展的社会主义事业建设者和接班人。""实施素质教育，必须把德育、智育、体育、美育等有机地统一在教育活动的各个环节中。学校教育不仅要抓好智育，更要重视德育，还要加强体育、美育、劳动技术教育和社会实践，使诸方面教育相互渗透、协调发展，促进学生的全面发展和健康成长。"素质教育以提高国民素质为根本宗旨，是对以应试为目的的应试教育的扭转。通识教育是素质教育最有效的实现方式。由此，高校通识教育理论与实践得到极大发展。

通识教育是一种办学理念。针对教育功利主义倾向、过度专业化带来的本专业局限、视野狭窄、知识琐碎支离和脱离于现代科技、产业的多学科交叉、高速发展的现实需求的状况，强调"通"与"识"，强调知识的基础、广博与整合，从功利性地强调学生对某一门专业或专业技术岗位所需知识与技能的掌握转变为非功利性的广泛、非专业性的人的基本素养的全面提升，将人文、社会、自然科学等知识领域的相关知识整合起来学习，培养具有基本专业知识技能与基础、广泛视野、系统知识、健全人格、科学态度、创新精神的人才。通识教育注重引导与拓展学生的知识视野，对不同学科的基本理念、知识、精神的了解，对道德修养、精神人格的陶冶，对自我发展潜能的发掘，对精神气质的培养，以人的全面发展为目标。简言之，专业化、实用化的教育理念是以人的工具性满足细分化的社会需求，通识教育理念则是以人的全面发展为目的，并以人的全面发展满足社会发展需求、促进社会进步。

通识教育是一种人才培养模式。为了落实通识教育理念，需要建立具体的相关制度，以保障通识教育目标的实现，制度化为一种通识教育的人才培养模式。通识教育的人才培养模式是与专业化教育模式相对应的人才培养模式，包括专业设置、培养方案、教学内容、教学方法和教学制度等方面的改革。[①] 这种教育模式重在培养学生的自主学习能力、独立思考能力、创新潜能、科学人文素养、社会责任感、历史使命感、健全人格等，使学生具有人文社会科学、自然科学、工程科学的复合型知识与能力。

在具体内容层面，通识教育并不意味着对专业教育的替代或驱逐，二者并不是互相排斥、非此即彼的关系，而是共生共在的关系，共存于大学的教育与人才培养中。但是通识教育相对于专业化教育，在专业设置、培养方案、课程体系、教学内容等方面都有着本质性、方向性的变化，即由专门化转变为通识化，由以满足某一技术岗位为目标转变为人的全面发展为目标。也就是说，通识教育是一种人的全面培养的教育理念。"这种教育的根本目的是让学生学会做人和

---

① 庞海芍，郇秀红. 中国高校通识教育：回顾与展望［J］. 高校教育管理，2016 (1).

做事的根基，但主要不是在方法、技术、招式的层面上，而是在态度、精神、灵魂和品格上，是虚的、内化了的、形而上的，它们表现在对人和对己、对群体和环境、对社会和自然、对国家和世界的态度、观念、风格和价值观取向上。"①

第二节　通识教育的概念分析

国内学者李曼丽（1999）在《通识教育——一种大学教育观》一书中认为，就性质而言，通识教育是高等教育的组成部分，是所有大学生都应该接受的非专业性教育；就其目的而言，通识教育旨在培养积极参与社会生活的、有社会责任感的、全面发展的社会的人和国家的公民；就其内容而言，通识教育是一种广泛的、专业性的、非功利性的基本知识、技能和态度的教育②。丛慧卉（2007）在《我国大学通识教育实施现状与对策分析》中指出，通识教育的内涵包含了两层意思。一层就是把通识教育看成是一种教育理念，一种大学的整体的办学思想或观念，即指大学教育应给予大学生全面的教育和训练，教育的内容既包括专业教育，也包括非专业性教育。这是关于通识教育内涵的广义的理解。另外一层就是把通识教育看作是不直接为学生将来的职业活动做准备的那部分教育，这是

---

① 王义道. 文化素质教育与通识教育关系的再认识［J］. 北京大学教育评论，2009（3）.

② 李曼丽. 通识教育：一种大学教育观［M］. 北京：清华大学出版社，1999.

关于通识教育内涵的狭义的理解①。夏杉（2006）在《中美高校通识教育课程对比研究及其启示》中指出，所谓通识教育就是"一种建立人的主体性，以完善人之自我解放，并与人所生存之人文及自然环境建立互为主体性关系的教育"，也就是完成"人之觉醒"的教育，"是学生整个教育中首先关注他作为一个负责任的人和公民的教育"②。它是一种大学教育观，是不直接为学生将来的职业活动做准备的那部分教育，其目标是拓宽大学生文化知识的基础。

简而言之，通识教育首先是一种教育理念，为了贯彻这一理念，制定相应的制度，设置相应的课程，采取相应的措施，以通识课程为载体，努力把学生培养成社会发展和人类进步所需要的全面、自由、和谐发展的人。通识教育的精义和价值在于沟通与整合，"通"不止是"广博"之意，更是"融会贯通"的"通达"之意。通识教育的内涵和外延都将在时代和社会的演进过程中不断发展变化。

一、关于博雅教育

博雅教育的英文翻译为 Liberal Education，因此又称为自由教育。从字面意思来看，"博雅"一词中"博"有范围广的意思，即广博，这一点从古希腊和古罗马时期其主要的学习科目中可以窥探出来。在古希腊时期博雅教育学习的科目有 3 门，分别为语法、修辞和逻辑。它们被广泛用于公开辩论，法庭上的辩护，或者担任陪审员等

---

① 丛慧卉. 我国大学通识教育实施现状与对策分析［D］. 长春：吉林大学，2007.
② 夏杉. 中美高校通识教育课程对比研究及其启示［D］. 长沙：湖南农业大学，2006.

公民活动中。① 后来在古罗马时期，博雅教育的主要科目在原有的 3 门的基础上又延伸出了 4 门学科，分别为音乐、算术、几何和天文（这里的天文并非观察星空，而是探讨人与宇宙的关系）②，由此构成了所谓的"七艺"，从"七艺"的学习内容来看，包含了人文、社会、自然等诸方面，大致涵盖了当时人类的知识范围和内容，由此可见其广博性。而"博雅"一词中"雅"有美好，高尚的意思，在奴隶社会时期，人就被分为两种类型，即以统治阶级和有闲阶级为代表的自由人和以被统治阶级为代表的奴隶，而此期间自由教育却仅仅适用于自由人而非奴隶。自从古希腊政治家、哲学家塞涅卡把 liberate 的含义加以修改，使之从"自由公民出身"的意思转变为"使人自由"的意味后，"博雅教育"的目的也就变成使学生成为"具有自由心灵的人"，成为能够思考和追求美好人生的人，成为一个对于自身及对于自身在社会和宇宙中的位置都有全面理解的完整的人。③ 正如约翰·亨利·纽曼（John Henry Newman）所认为的"自由教育造就的不是基督教徒，也不是天主教徒，而是绅士。成为绅士是件好事，具备有教养的才智，具有灵敏的鉴赏力，有率真、公正、冷静的头脑，待人接物的高贵、谦恭的风度是好事——这些都是广博知识天生具有的本质"④。由此，我们不难发现，博雅教育中的"雅"一字暗含有高雅之意，意在让人成为一种高雅之士——

---

① 杨福家，等. 博雅教育［M］. 3 版. 上海：复旦大学出版社，2015：10.
② 同上。
③ 徐志强. 哈佛大学通识教育课程改革研究［M］. 北京：中国社会科学出版社，2015：73.
④ 约翰·亨利·纽曼. 大学的理想（节本）［M］. 徐辉，顾建新，译. 杭州：浙江教育出版社，2001：40.

绅士。综上所述，本文认为博雅教育是通过学习广博的知识，意在把自由人打造成绅士的教育模式。

二、关于通识教育

对通识教育的定义可谓是众说纷纭。有的学者从通识教育与自由教育的关系来鉴定通识教育，认为通识教育就是自由教育；有的学者认为通识教育是自由教育的继承和发展；有的学者从通识教育和专业教育的关系对通识教育进行定义，例如国内学者陈秀平、刘拓，他们认为："通识教育是与专业教育相对的一个概念，是指对所有大学生普遍进行的共同文化教育，即在学生整个教育中首先关注他作为一个负责任的人和公民的教育。"① 有学者据此对通识教育做出狭义和广义的划分，狭义的通识教育，将其理解为非专业教育的部分，指不直接为学生将来职业活动做准备的那部分教育，与专业教育一起构成了高等教育，而把广义的通识教育看成是一种教育理念，教育观，指大学教育应给学生全面的教育和训练，教育的内容既包括专业教育也包括非专业教育。② 此外，还有的学者根据通识教育字面意思对通识教育进行定义，比如台湾学者郭为藩对通识教育所做的解释："通"字是通达、贯通融会于一炉之意；"识"指见识、器识，即整合的认知。因此所谓通识教育，并非表示对各学科领域知识零碎而肤浅地都懂一点，而是通过有系统的文雅教育课程

---

① 陈秀平，刘拓. 通识教育与专业教育［J］. 理论学习与探索，2001（1）.
② 杨春梅. 通识教育三论［J］. 江苏高教，2002（3）.

设计，并利用科技整合，引导学生由博返约，拓广学术的视野。①
再如鲁洁教授认为，所谓的通识教育，"通"就是要求学能通达不同
领域的知识，要使学生兼通于"何以为生""以何为生"两个领域，
这样才能形成完整、完美的人格；而通识教育的"识"，它不仅限于
"知识"之识，除了例行知识以外，还包括人的情感、意志等在内，
它不仅局限于知识的获得，还要着力于全面人格的培养。② 通过以
上的研究，本书认为通识教育是这样的一种教育：即需要公民掌握
多方面的必备的基础知识，通过学科的互通性来达到开阔视野的目
的，从而走出狭隘和偏见，成为"有教养的人"和"完整的人"的
一种教育培养模式。由上可见，通识教育和博雅教育所针对的对象
不同，通识教育针对的是公民，博雅教育针对的是自由人，显然通
识教育的受众范围要比博雅教育的受众范围广，但从目的上来看，
通识教育和自由教育都是为了掌握"统一的知识"以达到"统一的
人格"，所以他们的本质是相同的。从高等教育的构成来看，通识教
育与专业教育是相互补充的。通识教育与专业教育的有机结合是提
高教学质量的必然选择。③ 综上所述，本文认为通识教育与自由教
育和专业教育的关系应当是相辅相成，你中有我，我中有你的关系。

---

① 郭为藩. 通识教育的实施方式［A］//台湾清华大学通识教育研讨会论文集［C］.
新竹：台湾清华大学出版社，1987：155 – 165.
② 鲁洁. 通识教育与人格陶冶［J］. 教育研究，1997（4）.
③ 黄进. 将通识教育与专业教育结合起来［J］. 中国高等教育，2004（12）.

第三章

美国、英国的通识教育

随着科技的进步，人工智能时代的来临，社会对人才的需求已逐渐由专业技能型转变为创新型和通识型，近年来，世界各国高等教育界都逐渐将视线聚焦在通识教育的改革和探索上。美国研究型大学作为世界一流学府，其通识教育起步较早，并在各自保持独特风格的前提下，逐渐走向成熟，积累了丰富的理论和实践经验，其具体细化的通识教育改革方案更是成为各国高校借鉴的对象。邻国日本于第二次世界大战之后，依照美国的博雅教育，在高等学校开始实施教养教育，历经半个多世纪，亦有收获，亦有问题。作为文化传统相似的国家，日本教养教育的历程给我们带来一些启示。英国被称为自由主义的故乡，曾涌现出众多自由主义思想家，他们关于自由教育的阐述为英国大学通识教育奠定了深厚的理论基础。英国大学虽然没有设立专门的通识教育课程，但坚持通识教育与专业教育相融合的原则，在整个教学过程中贯穿着通识教育的精神。英国大学的通识教育理念及实施路径，无疑为反思我国大学通识教育提供了全新的视角。

第一节　美国的大学通识教育发展的现状与特点

美国的通识教育注重培养学生批判精神、沟通能力、创新思维、对价值的认知能力、伦理情操以及公民责任等方面的特质，课程主要涵盖人文学科、社会科学和自然科学三个领域，其教育的核心是培养具有责任感和公民意识的人才。美国的通识教育经历了三次重大的变革，但主要集中于教学方法的革新，培养学生的价值观和批判思维。随着全球化竞争的不断加剧，通识教育越来越成为美国大学教育中需要被重视的问题之一。而如何为学生提供综合性的教育，帮助学生全面、灵活地掌握理论知识和实践技能，培养适应社会需要的人才，至今仍是美国教育面临的挑战。

一、美国大学通识教育的发展历程

教育界普遍认为，通识教育起源于西方亚里士多德提出的自由教育（Liberal education）。亚里士多德认为，自由教育是只有富有闲暇时间的贵族才能接受的教育，其教育的主要目的是提高人的德性、陶冶人的情操并促进人理性的发展。如果有人为谋生或获取利益而接受教育，这种教育就是粗鄙的，是"非自由"的教育。[①] 纽曼（John Henry Newman）继承并发扬了这一思想。纽曼认为高等教育

---

① 哈佛委员会. 自由社会中的通识教育 [M]. 李曼丽，译. 北京：北京大学出版社，39 - 40.

就是自由教育，应该向学生传授所有的知识，而所谓知识，一定是理性的、能促进学生心智发展的、全面的知识①。而第一次使用"通识教育"这一词语的学者是帕卡德（Parkard），他曾经在《北美评论》上发文支持著名的 1828 年耶鲁报告，但当时文中的"general education"与后来的"通识教育"内涵有所不同，前者基本相当于"狭义的博雅教育"，不具有广泛综合的意义。事实上，随着第一次技术革命的到来，社会对专业人才的需求开始体现，专业教育逐步发展，传统的自由教育理念开始动摇。

美国通识教育的第一次浪潮是在 20 世纪二三十年代，撬动美国高校自由教育传统之第一板结的是选修制。早在 1869 年，哈佛大学校长艾略特（Eliot）在就职演说中就宣布"本校要坚持不懈地努力建立、改善并推广选修制"。在此精神的指引下，哈佛大学的课程改革一度狂飙突进，到 1895 年，哈佛大学一年级的必修课就减少到两门英语和一门现代外语，至此，选修制在哈佛全面确立。在哈佛的影响下，大批高校开始纷纷减少或废除必修课。到 19 世纪末，选修课在美国高校全面胜出。据艾略特（Eliot）的描述，以选修课取代必修课的考量有二：其一，大学教育应该是关注学生个性的教育方式，强使为一的理念有悖于学生个人发展和个体差异；其二，大学教育必须要为社会发展服务，换言之，传统的轻视自然科学的状况不仅不应成为高校科目设置的桎梏，而且还要成为高校力予改革的对象，同时，他极力反对把选修课按照一定的顺序和内容编排成组，认为这样会束缚学生的意志与自由。这样，这一时期的选修制就产

---

① 隋晓获. 中国通识教育的思想与实践 [M]. 北京：中国出版集团，2014（7）.

生了一个根本性的隐患——这一整套高等教育理论的唯一合理性前提在于，它必须假设学生是一个理性的个体，这一理性个体非常清楚自己的各种特点和未来的发展方向，并且能够为自己将来的发展而放弃眼前的微小利益。而现实证明这一假设在实践过程中根本无法满足。这样一来，选修课的理论基础就变成了毫无依据的自我陶醉，它所带来的一系列后果——诸如学生知识结构过早专门化、缺乏系统性的弊端——受到了严厉的批评，并最终导致了一些学院改弦更张，重新恢复课程设置的"综合性"，由此引发了旨在清除选修制弊端的通识教育课程（general curriculum）改革，是为第一次通识教育高潮。在这一浪潮中，通识教育开始摆脱自由教育的思维定式，各个学院根据自身对选修课程弊端的感受与反思，制定了不同的改革方案，如印第安纳大学的"主修制"，哈佛大学的"集中与分配制"，以及斯坦福大学、哥伦比亚大学、芝加哥大学等的改革，通识教育的模式开始走向多元化的道路。

　　19世纪末，专业教育急剧细化所带来的弊端愈加明显，而此时，传统的自由教育观念由于政治、经济和文化背景的不同，已无法应对这一局面，高等教育界急需提出一种新的理念来平衡专业教育，于是，由自由教育演变而来的通识教育应运而生，成为对抗知识碎片化，拯救高等教育界的最佳选择，在这样危急的关头，美国的大学首先开始了通识教育的改革探索之路。由此引发了第二场通识教育运动浪潮。

　　1919年，哥伦比亚大学首先对课程计划进行调整，后发展成为通识教育中的核心课程体系，这种课程设置类型至今仍在美国研究型大学的通识教育中被广泛使用。1945 年，哈佛大学发布报告《自由社会中的通识教育》（*General Education in a Free society*），报告中明确提出，要将通识教育与专业教育紧密结合，二者共同承担高等教育的责任，为社会培养全面人才和负责任的公民。这一次，运动在一开始即提出了明确的纲领，由此，通识教育在美国掀起一片改革热潮，并确立了在美国高等教育界乃至国际高等教育界的重要地位。1978 年，哈佛大学率先推出"核心课程计划"，在国内引发很大反响，从政府到团体，无处不在讨论通识教育及核心课程，相关报告纷纷涌现。在这些报告的指导下，美国各大学都针对自身情况重新调整规划课程方案，将通识教育落到实处。到 90 年代，几乎所有的研究型大学都已进入了"通识教育"时代，各高校都积极结合自身实际情况来打造独特的通识理念、通识课程以及教学方法，并对学生的选课进行限制，很多大学都开始鼓励学生出国留学，这不仅更有利于培养学生的全球化视野，也有助于促进学校的国际化进程。虽然这次浪潮由于"适应性教育"的冲击并没有切实地加以实践，但总体上，它对于高等教育中"专业主义制度"的批判、对美国教育界现行体制的反思，却产生了重大的助推作用；在实践层面，"通识教育课增加而选修课减少"成了高校课程发展的一个普遍趋势，这也算是功莫大焉。

第三次通识教育运动开始于 20 世纪 60 年代中期的越战时期，持续时间基本是从 20 世纪 60 年代末至 80 年代中后期。越战对美国而言不仅仅是一场战争，还是一次政治的、社会的，乃至哲学的重大变革，反战运动与学生运动、人权运动结盟，导致的直接后果就是大量具有叛逆思想的年轻人进入大学。在这些激进而动荡的思想的影响下，绝对自由的选修课观点再次盛极一时。通识教育被视为"僵硬、狭隘、无用"的模式而被学生群体和某些教育改革家加以批判。在巨大的压力下，高校为迎合学生的要求开始改革自己的课程设置，这些改革的主要旨趣即在于减少通识教育的要求，放宽学生毕业的条件。进入 70 年代之后，随着美国经济社会滞涨期的到来，高等学校为了吸引生源、在日益紧张的财政状况下生存下来，开始将自己纳入一个市场化的模式中加以运作，强调适应学生将来进入劳动力市场的需要来对学生加以培养。这种市场化的思维直接导致了专业主义的泛滥和通识教育的萎缩。

这一恶果在 70 年代之后展现了出来。刚刚脱离滞涨期的美国骤然发现，随着战后欧洲、日本的发展，美国在科技上的优势正在逐步消失。这一状况促使美国高等教育界开始再次反思自身的教育体制。反思的成果就是政府和民间都涌现出了大量的报告，从而引发了通识教育的第三次浪潮。这一次，通识教育运动的主要改革放在了通识教育具体课程的设置上，使得通识教育的导向进一步明确，基础更加深厚。

21 世纪，随着全球化进程的加快，以哈佛大学为首的美国大学迎合时代的需求，积极进行通识教育改革。每一次新政策的推出、通识课程设置的调整都受到国内外各高校的高度关注，并成为国内外通识教育改革效仿和借鉴的对象。时至今日，美国大学的通识教育依然是各具特色且于世界之林独领风骚。

二、美国大学通识教育的模式

哈佛大学《自由社会中的通识教育》的问世促进了美国高等院校课程的改革与发展。20 世纪 70 年代美国著名高等教育学者莱文（Levine）经过多年研究，将美国大学的通识教育概括为四个主要模式：自由选修模式（free electives）、分布必修模式（distribution requirements）、名著课程模式（great books program/curriculum）、核心课程模式（core curriculum）。各个模式都具有自己不同的特色（Levine，1978）。

1. 自由选修模式及课程设置

自由选修模式指的是院校不指定教研计划和要求，学生根据自己的兴趣和爱好与导师讨论后自由选修。通常，导师只是帮助提出一些建议，并不为学生做任何决定和要求，学生按照规定修满学分则达到了学校的要求。自由选修比较重视以学生为中心的培育模式，按照学生自己的需要、兴趣、爱好和经验来选修自己喜欢的课程，使学生的个性得到发展，让学生在不同的科系之间选修，拓宽自己的知识面。此外，每一个学校对于自由选修课程的学分要求不一。除了传统的文理学院比较注重学生的自由选修之外，布朗大学和加州伯克利大学也采取自由选修模式。

2. 分布必修模式及课程设置

分布必修模式主要是要求学生必须研修指定的学科领域，通常包括人文科学、自然科学和社会科学等主要领域的科目，并且规定学生必须修满的学分。分布必修模式的课程设置主要是帮助培养专才与通才相结合的人才，学生除了主修自己的专业知识之外，也需要对其他领域的基本知识能够有所了解，而不局限于专业知识范畴。对于跨学科的必修要求，也是为了帮助培养学生的批判意识和精神。目前，美国很多高校都有分布必修课程的要求，最负盛名的是麻省理工学院和耶鲁大学，它们都要求学生在毕业前修满 40 个学分以上的分布必修课程。

3. 名著课程模式及课程设置

名著课程模式也称为"巨著课程"，该课程的设置要求本科生在校期间必须修读一些名著作为博雅教育的课程计划之一。名著课程计划最早是由哥伦比亚大学开始实施的，之后芝加哥大学的哈钦斯校长（Robert Hutchins）大力推崇名著课程。例如，圣约翰学院（st. John's college）以此模式为其博雅教育主要特色。当前，许多美国大学的通识教育课程也包括名著课程。名著课程涉及的领域包括哲学、文学、史学、政治学、自然科学、艺术、宗教。其中，宗教课程在美国通识教育历史上扮演了重要的角色，美国多所著名的大学，例如哈佛大学、耶鲁大学、普林斯顿大学等在创校之初都以培养传教士为目的，在其后数百年的演变中，虽然其使命和愿景已经完全改变，但这些名校一直将宗教课程作为培养学生身心全面发展的核心，培养学生的价值追求，关怀世界的视野，尊重生命以及人性尊严等。2007 年，哈佛大学的教师们对宗教课程的重要性进行了激烈的讨论，结果是继续将宗教课程作为哈佛大学通识教育的核心内容。事实上，美国大部分的私立大学都将宗教、哲学以及历史和人文课程作为本科生必修的核心课程。

4. 核心课程模式及课程设置

美国高校的通识教育核心课程是为本科生提供的以共同知识为核心的课程设置，它不等同于专业课程，而大多数为一些跨学科课程，重视培养学生的综合知识和思辨能力，加强人文、道德、艺术和逻辑方面的培育。通常担任核心课程的老师都是该校资深的教授，他们来自院校的不同科系，且具有广博的知识和人文素养等。美国大学的通识教育课程体系通常都提供很多核心课程，比如哈佛大学和麻省理工学院等具有博雅教育背景的院校，都会开设上百门核心课程，并且要求本科生在核心课程中必修 30 个以上的学分。这些核心课程设置也是通过多年的改革、酝酿和探索，才得以实施，并且期望通过这些通识教育课程，把学生培养成为具有批判思维、世界视野、伦理情操和负责任的公民。目前美国著名大学的通识教育课程基本上体现在两个层面：一是以培养大学生具备基本的读、写、沟通、批判等能力为目标的课程；二是提供均衡的知识，例如人文科学、社会科学与自然科学的综合知识，来帮助学生发展兴趣和个性。同时，由于通识教育课程是本科生第一年和第二年的主课和基本课程，教学方法不仅有课堂教学，还有小组讨论、课后学习任务和作业报告，通过严格的教学要求和训练要求，使学生能够真正领悟和应用所学到的通识教育知识。

三、哈佛大学通识教育发展的现状及特点

哈佛大学的通识教育模式是一种比较具有代表性的模式，我国国内在研究美国或西方的通识教育时，经常以哈佛大学的模式作为

参考。因此，我国很多高校的教育模式都在很大程度上受到了哈佛通识教育模式的影响。

（一）哈佛大学通识教育现状

哈佛大学设有专门的核心课程委员会（Committee of Core Curriculum），专门负责哈佛通识教育中核心课程的规划和实施。2005 年，哈佛大学将核心课程划分为七大领域，分别是：外国文化（Foreign Culture）、历史研究（Historical Study）、文学与艺术（Literatures & Arts）、道德推理（Moral Reasoning）、定量推理（Quantitative Reasoning）、科学（Science）、社会分析（Social Analysis）①。大致可以分为人文学科、社会科学、自然科学三大类。2007 年，哈佛大学针对之前课程计划中的缺陷提出通识教育新的目标并对 2005 年的核心课程计划进行大规模调整，课程分类由原来的七个领域变成八个，每个领域的内容也有所变动。新的课程计划提出了四点新目标：

第一，为学生成为合格公民做准备；

第二，教会学生理解自己既是传统艺术、观念和价值的产物，也是参与者；

第三，让学生为批判性地和建设性地回应变革做好准备；

第四，发展学生对自己言行从道德层面加以理解的能力。

为配合新的教育目标，新的课程体系分为以下八个类别：

1. 美学的和阐释的理解（Aesthetic and Interpretive Understanding）

---

① 哈佛委员会. 哈佛通识教育红皮书［M］. 李曼丽，译. 北京：北京大学出版社，2010：211.

该领域致力于通过对文学或宗教书籍、绘画、雕塑、建筑、音乐、电影、舞蹈、装饰艺术的学习和研究，培养学生的审美能力、诠释能力、分析作品的能力以及创造能力。

2. 文化和信仰（Culture and Belief）

设定该领域所要达到的目标是，让学生理解并接受不同社会、政治、经济、宗教、文化等条件下形成的不同价值观念，并通过这样的了解培养其分析不同地域作品的能力，并将课程内容与学生生活实际相联系。

3. 实证和数学推理（Empirical and Mathematical Reasoning）

让学生学会运用工具（如统计、概率、数学等）进行推理并解决问题，懂得如何理性地做决定，同时让学生了解人们在做实证推理时常犯的错误，以便及时规避。

4. 道德推理（Ethical Reasoning）

让学生学会如何评价道德问题，并将这种能力运用到生活中去，同时让学生进行道德假设，关注完全不同于自身的道德体系。

5. 生命系统科学（Science of Living Systems）

教授生命系统科学的核心概念、理论和学科广泛关注的问题。这些课程将探讨一系列关于生命起源的话题、人类适应和改变环境的方式以及人类如何影响周围环境变化的问题。如果有可能，最好通过实验、实践或者动手操作等方式进行教学。

6. 宇宙物理科学（Science of the Physical Universe）

介绍该领域相关的概念、事实、理论、方法以及他们广泛关注的问题，如果条件允许，最好带领学生进行实践操作，让学生从中探索发现导致或影响社会的基础问题，如对核武器的扩散、气候变化以及在数字通信时代的隐私权等。

7. 世界社会（Societies of the World）

世界各社会课程旨在让学生拥有国际视野，开发学生关于人类不同组织的社会存在方式的多样性意识，让学生通过了解不同的价值观、习俗以及组织机构，来理解不同的信念、行为和组织社会的产生方式。这门课程的研究可以针对单一的地区或社会，也可以讨论超越国界的问题，可以从当代的角度看问题，也可以从历史的角度来进行研究。

8. 世界中的美国（The United State in the World）

让学生可以从美国本土和全球化的不同视角了解美国的政治、法律、经济和文化等问题，并从当代和历史两种角度进行分析，了解美国的社会组织与世界其他社会组织之间的关系。让学生在全球化背景下，对美国社会进行批判性地分析和认识。

通识课程是哈佛本科生课程的重要组成部分，学校本着"宽基础、综合化、重实践"的课程设置原则，重视专业课程与通识课程的平衡，要求每个学生大学期间须修满八门通识课程，占其本科总课程的1/4。通识教育课程不是孤立于专业，而是与专业课程相联系，共同提高学生的写作、演讲和解决问题的能力。

（二）哈佛大学通识教育特点

哈佛大学的通识教育具有如下一些特点。

1. 课程设置上采用核心课程型

核心课程（Core Curriculum）旨在为哈佛大学师生寻求共同的知

识核心，核心课程倡导者们深信，人之所以为人，就在于我们拥有某种共同的东西，在美国文化、政治、社会和历史中，总有一部分东西该被所有人掌握和分享，学习这些核心的价值、传统和思想既有助于美国社会的发展，也有利于人的和谐、健康成长。核心课程型是将各学科领域中的基本内容综合起来，为学生提供共同知识背景的课程设置类型。① 通常高校会将课程分为几个领域，并将每个领域下的课程分为几类，选课前根据学生个人意愿及其期望的未来发展方向给出具体建议，让学生有所侧重，避免盲目。

2. 理论课程与讨论课程相结合

哈佛大学的通识教育课程以一个学期为单位（13 周），每一周完成 2—3 小时的理论学习（lecture）以及一个讨论课程（section）。理论课一般一周分两次上，一次 1.5—2 小时，课程以教师讲课或邀请其他专家作报告为主；每周的讨论课帮助学生更好地巩固或应用理论知识。每学期开始的第一周为学生选课周，学生可以选择自己喜欢的课程试听，每门课的时间为 40 分钟，由任课教师介绍本课程的教学目标、基本内容、教学方式、课程作业等，并回答学生的各种问题。而每一周的讨论课（weekly section）则为促进师生互动和教师参与评价提供了良好的机会。在这个环节中，活动的策划由课程教师决定，很多是在课堂外完成，而且形式丰富多样，可以在助教带领下去校园博物馆、美术馆等进行实地考察，也可以让学生参与几个小型的课题研究来巩固和应用课程知识。这种方式便于教师

---

① 哈佛委员会. 哈佛通识教育红皮书 ［M］. 李曼丽，译. 北京：北京大学出版社，2010：39－40.

及时回应学生的问题，激发学生对本课程的兴趣，了解学生的想法，有助于在理论课时为学生提供更平等的机会。

四、芝加哥大学通识教育发展的现状与特点

芝加哥大学对通识教育的探索，对美国通识教育的历史发展有重大的影响，目前是与哈佛模式并列的一种通识教育模式。国内目前对哈佛模式的了解较多，对芝加哥大学了解的略少。在美国的名校中，芝加哥大学虽然年轻，但比较特立独行，具有较强的革新性。

（一）芝加哥大学通识教育发展历程

芝加哥大学目前所推行的通识教育体系源于芝加哥校长哈钦斯（Robert Hutchins）对芝加哥大学通识教育的改革。1930年，哈钦斯将芝加哥大学分成四个学部，分别是人文科学部、社会科学部、生物科学部、自然科学部，并任命鲍彻出任课程委员会主席设计通识教育方案。1931年通识教育方案被通过，该方案包括五门为期一年的通识导论课程，每个学部负责一门，外加一门写作课，每门课程都要求综合考试。为衔接专业教育与通识教育，前两年的通识教育中允许学生选修一定数量的专业课程，在后两年的专业学习中，又要求学生必须选修三分之一的非专业课程。1953年在出版的《乌托邦大学》中，哈钦斯阐述了自己的大学通识教育思想："作为整体，教育系统的目的并非为工业提供熟练工，或者教给年轻人一些生存的技巧，而是让他们成为负责人的公民。"① 哈钦斯认为塑造了西方

---

① 沈文钦. 郝钦斯与芝加哥大学的通识教育改革［J］. 比较教育研究，2006（4）：16.

文明传统的那些伟大著作，恰恰是训练学生的智识能力并使他们成为具有独立思考和批判能力的合格公民的最好教材。因此，哈钦斯在19世纪30年代所推动和领导的一次又一次通识教育改革，都紧紧围绕着对经典名著的阅读和苏格拉底式的小班讨论两个核心展开。从1943年到1950年哈钦斯离任前，芝加哥大学逐渐形成了一套相对成熟的课程体系。这套课程体系"主要有14个序列课程，在14个序列课程中，包括三年人文课程、三年社会科学课程、三年自然科学课程、一年数学课程（可以多选一年）、阅读与写作课程、外国语（选修）、O. I. I［观察（Observation）、阐释（Interpretation）、综合（Integration）]"①。具体分布如下。这一套课程体系更好地贯彻了哈钦斯的阅读经典名著思想，西方历史上几乎所有的哲学/文学和历史名著，都容纳在这套课程体系的参考书之中。

表3.1 芝加哥大学通识课程体系一览表

一年级	社会科学1	人文1	自然科学1	英语
二年级	社会科学2	人文2	自然科学2	数学
三年级	社会科学3	人文3	自然科学3	外语
四年级	历史	O. I. I		

（二）芝加哥大学通识教育的现状及特点

芝加哥大学通识教育历经了80多年的风雨，如今呈现出以下的现状与特点。

1. 芝加哥大学通识教育的现状

芝加哥大学的课程体系由三部分（通识课程、主修课程和选修

---

① 沈文钦. 赫钦斯与芝加哥大学的通识教育改革［J］. 比较教育研究，2006（4）.

课程）组成，选修课程主要是为了满足学生依据个人兴趣自由探索知识的需要。芝加哥大学本科学生要顺利毕业，总共需要 42 学分，其中一、二年级的通识教育必须修满 15 学分，并且原则上通识教育课程不能被任何其他课程替代。由此可见，芝加哥大学的通识教育构成了整个本科生教育体系的基础部分。

一、二年级的通识教育总共被设计成三个类别，分别是：人文、文明研究与艺术（Humanities，Civilization Studies，and the Arts）、自然科学与数学（Natural and Mathematical Science）、社会科学（Social Science）。其中，"人文、文明研究与艺术"和"自然科学与数学"这两个类别，学生必须要各修满 6 个学分，社会科学类别则必须要修满 3 个学分。

（1）人文、文明研究与艺术类

人文、文明研究与艺术类课程设置目标是帮助学生形成分析、欣赏、品味经典文本的能力，同时又能历史性的研读文本。为了实现这个目标，这一类别又再细分为三个模块：A. 对历史、文学和哲学文本的阐述；B. 戏剧、音乐与视觉艺术；C. 文明研究。此模块全部为系列课程，每门课程至少要修习两个学季才能结束。根据这三类模块的具体情况，学校又将课程具体设计成三种选课套餐，具体如下。

表3.2　芝加哥大学通识教育选课套餐一览表

课程名称	套餐一	套餐二	套餐三
人文类课程	3 门（A 模块）	2 门（C 模块）	2 门（B 模块）
文明研究类课程	2 门（C 模块）	3 门（A 模块）	2 门（B 模块）
艺术类课程	1 门（A 模块）	1 门（C 模块）	2 门（B 模块）

（2）自然科学与数学类

这一类别课程目的是激发学生对自然物理世界探索的兴趣，尤其着重于自然科学探索的激发过程。通过这一类别课程的学习，学生也可以了解自然科学的观察、推理的威力和局限性。其中数学课程着重训练学生形式逻辑推理的能力。自然科学与数学领域课程共分为四类：物理学、生物学、自然科学和数学。其中物理学和生物学又分为专业方向和非专业方向两个课程系列。即依据未来所选专业不同，而分别为学生开设难度不同的课程。如物理学课程为以后主修相关专业方向的学生准备了六门难度较高的系列课程和一门地质学和地球发展史（Physical Geology and Earth History）课程，而对于非专业学生，只要从这一系列课程中选择一些简单的入门课程即可。

（3）社会科学类

这类课程的重点是社会科学理论中的核心概念、基本问题与基本理论与方法。通过展示社会科学的基础理论如何提出基本问题，以及如何通过思想实验和系统分析的方法来分析这些基本问题，帮助学生观察和理解当今世界所面临的基本问题。

2. 芝加哥大学通识教育的特点

芝加哥大学通识教育具有如下一些特点。

（1）大班授课、小班讨论的教学方法

大班授课、小班讨论的教学方法，使得教师和学生在课前都做足充分准备。教师要负责设计课堂内容，掌控课堂时间，随时解答学生疑惑，引导学生树立正确的价值观等，因此要求教师具备一定的教学经验。

（2）强调对经典著作的阅读

强调经典著作的阅读，为其通识教育中的一大特色，如 C 类模块中对各国文明的学习，其中很重要的学习方式就是对各国经典名著的阅读、讨论和研究。经典名著往往能够反映出一个国家最根本的问题，而学生们在交流探讨的过程中，不仅能产生思想的碰撞，还能在潜移默化中增加其对不同地域、不同文化和不同民族更深层次的认识。

第二节　英国大学通识教育发展的现状与特点

通识教育最早起源于美国，但如果我们把目光投向英国，其通识教育的实践则是另外一番景象。现代大学通识教育溯源于古希腊时期的自由教育，从集体自由到个体自由，自由思想的嬗变为英国大学通识教育提供了渊源的同时也影响着它的发展。受其影响，英国通识教育在教育目的上立足于个人与集体的关系，注重公民培养；在教育内容上贯穿却不拘泥于人文思想；在教育实践形式上注重与专业教育融合并迁移发展。

一、英国大学通识教育的发展历程

现代大学的通识教育根植于古希腊自由教育（liberal education）的传统，是对这一传统的延续和改造。在 19 世纪以前，自由教育思想虽然经历了多次演变，但就其最直接的语境看，它把教育当作解放人的心智，使人的知识、能力和见解等免于狭隘的教育过程。到了 19 世纪，面对西方民主政治、经济和科技发展的挑战，高等教育从社会的边缘逐渐走向社会的中心，此时自由教育若不拓宽内涵，仍然面向少数人，排斥某些为谋生所需的专门训练，就会导致某种不适应。正是在这种情况下，"为了确保对自由教育进行重新思考所需的灵活性，一些人把自由教育这一古老称呼还给传统主义者，同时打出了普通教育的旗号。"①

透过对通识教育的历史考察，可以看出通识教育这一概念不断地处于运动、变化和发展之中，它的内涵不断得到丰富：教育对象从面向少数自由人到面向全体学生，教育目的从单纯理性的目的到对整体人群的关注、到对社会的关注，教育内容从对职业教育和专业教育的排斥到对其一定程度的认可。通识教育把自由教育和专业教育有机地结合为一体，反映出对历史传统的传承和对社会发展需要的适切性。迄今为止，虽然尚未有一个公认的、规范性的通识教育的定义，但通识教育实质上包含了两重内涵：一是指非专业教育部分，主要表现为专门的通识课程；二是指一种教育理念和教育观。

在英国历史上，很多学者对通识教育秉持一种非常广泛的理解，承继了阿诺德、纽曼、赫胥黎等人关于自由教育的思想，关注通识教育与专业教育的结合以及探索精神的培养。例如，在怀特海看来，"并没有一门课程只给学生普通陶冶，而另一门课程只给专门知识。

---

① 怀特海. 现代西方资产阶级教育思想流派论著选 [M]. 北京：人民教育出版社，1996：121.

为了普通教育目的而学习的学科，也就是专门地去学习的专门学科……你不能把一件无缝的学问外套割裂开来"①。哲学家亚历山大认为，通识教育指的是"培养学生的探索精神，而不是教导学生选修哪些学科"②。重温和思考这些经典人物有关通识教育的思想和精辟论述，对于我们今天实施通识教育是非常具有启发和指导意义的。秉持通识教育与专业教育整合的观念，可以一定程度上帮助我们超越通识教育与专业教育之争，从而建立起通识教育与专业教育相融合的机制，化解当前通识教育的危机与困境。

在英国的大学里，通识教育是一种理念和精神。各个大学并没有像美国众多大学所做的那样设立专门的通识课程，通识教育是作为一种理念和精神融合在大学教育之中。秉承着传统的自由教育思想，20世纪英国采取了将专业教育和通识教育相融合的方式，大学教育的目标也转变为对人总体的培养，既重视新兴的科技和实用教育，也强调传统的文雅教育。英国的大学教育是一种广泛意义上的通识教育，通识教育的精神贯穿在大学的课程目标、课程结构、课程内容和课程实施等方面。英国大学普遍重视通识教育，以确保文理科学生具有深厚广博的知识基础。大学课程的设计强调以专业教育的形式实现通识教育，加强文理科之间的沟通。

二、剑桥大学通识教育的发展现状与特点

剑桥大学是以传统的古典人文学科起家，深受自由教育思想的

---

① 怀特海. 现代西方资产阶级教育思想流派论著选 [M]. 北京：人民教育出版社，1996：121.
② 阿什比. 科技发达时代的大学教育 [M]. 北京：人民教育出版社，1983.

影响。秉承着自由教育传统，在剑桥大学，学生被鼓励去质问、批判和求索，以此来培养他们的创新能力和终身学习能力。剑桥大学致力于塑造学生心智、培养其智慧和传授知识方面做出努力。

（一）剑桥大学通识教育的发展现状

目前剑桥大学实行的是文理并重的学科模式，实用学科与古典学科相结合，人文学科作为践行通识教育的主要方式在剑桥大学的学科发展和改革中发挥重要作用。剑桥大学共设有6个大的部系，其中人文学科部与人文和社会学科部，主管培养人文领域的专业人才并承担全校的人文学科类的课程。人文学科部旗下设有8个学院，包括古典文学学院、神学学院、英语学院、哲学学院、音乐学院、建筑和艺术历史学院、亚洲和中东研究学院、现代和中世纪语言学院；另设有3个研究中心，包括语言中心、英语和英语语言学研究中心以及人文科学和社会科学研究中心。人文和社会科学部下同样设置了8个学院，包括：历史学院，法律学院，人类、社会和政治科学学院，教育学院，历史和科学哲学学院，经济学院，刑事学院，土地经济学院。在剑桥大学31个独立学院中，人文领域设置的学院达16个，可见剑桥大学对人文学科的重视。

在通识教育的理念指导下，剑桥大学的课程分为公共必修课和选修课，其目的是一方面为学生传授普遍的科学和人文知识，达到训练心智的目的；另一方面赋予学生自由，使其根据个人的兴趣选择课程，实现在某一领域具备深厚的专业知识的目的。剑桥大学的公共必修课由两部分构成——自然学科和人文学科，如数学、外语教学、物理学、人文科学、社会科学、化学、生物学等。课程内容广泛，其目的是为了奠定学生扎实的基础知识和宽广的知识领域。英国大学的本科学制普遍为三年，剑桥大学要求学生一般在大学的头两年修完公共必修课，为大三阶段学习做好准备，进入大三后，学生们就可以根据自己所感兴趣的领域和课题进行深层次研究。选修课体制赋予学生很高的自由，其课程比较专业化，学生们根据自己确立的专业和课题自由选课，这些课程旨在培养学生独立探究的精神，深入理解所学专业的基础知识、研究方法和理论前沿。同时剑桥大学非常重视培养学生的兴趣爱好和发展个性，认为他们有助于激发学生的学习热情和创新潜能。因此，每个学年结束后，剑桥大学允许学生根据所学课程的成效和兴趣重新选择课程。而选修制度的推行，对于推动教师教学和教学内容的创新也起到了重要作用。由于学生自由选课，各个学科为争取更多的学生而相互竞争，这使得教师们放弃了过去枯燥乏味的教学方式，采取自由讨论、辩论、实验演示等活泼的教学方式，极大地调动了学生的积极性，营造了活跃的授课气氛，丰富了教学内容。

（二）剑桥大学通识教育的特点

剑桥大学通识教育的特点主要体现在学术自由、学院制和导师制等方面。

1. 坚持学术自由的原则

这种学术理念源于古希腊强调理性训练和德性培养的自由教育思想。剑桥大学强调教育目的的内在性，反对教育的功利性目的，十分重视知识本身的价值。其教育目的不在于培养某一领域的专业人才，而是培养具有广博和深厚学识的知识人。此外，剑桥大学还注意发展学生的智力，鼓励学生独立思索、大胆质疑，并鼓励他们勇于尝试学习新的东西和吸收新的观念以此来培养学生的批判性思维和创新能力。因此，剑桥大学能包容和吸收各种学术流派，致力于建构以追求真理和自由的学术机构。这种学术自由精神不是被规定的，而是其历史长期发展而形成的一种理念，体现了通识教育的核心思想。

2. 学院制作为人才培养模式和管理模式是剑桥大学实践通识教育理念的重要途径

学院制中学院是一个独立的组织，拥有自己的管理机构，教师和学生大部分的教学、学习、生活和学术都在这里进行。学院是一个有序的场所，是学生物质生活和精神生活的家园。学院为学生们提供文学、哲学、社会学、古典学科及基础的自然科学教育，致力于塑造学生的心智，培养其德行和生活能力。

3. 导师制对于通识教育具有重要作用

导师制被认为是"津桥"（Oxbridge，即牛津与剑桥的合称）优质本科教育的"气门"所在，集中体现了英国高校"通识教育"的核心精神。剑桥大学的导师制初始于19世纪，现在仍保持着这一传统。新生在入学时，学院会给每位学生安排一位导师，每位导师负责3—10名学生，指导学生的学业和品行并关心他们的生活。剑桥大学要求导师定期为学生开展"个人辅导"，内容包括开展讲座和讨论、协助安排学生的学习计划、传授学习和做研究的方法、对学生的汇报做出评论和提出建议等。导师的教学方式是一种灵活和人性的方式，旨在培养学生独立思考的能力和创新思维。在剑桥大学，导师十分注意挖掘学生的潜能，鼓励学生质疑和探索，促进他们独立钻研、开拓创新。剑桥大学导师制以发展学生的智力、塑造其德行和培养其创新能力为重任是通识教育的体现。

三、牛津大学通识教育的发展历程与现状

自 12、13 世纪以来，英国古典大学一直主导高等教育的发展。牛津大学的发展就是英国传统大学发展的缩影。从中世纪开始，一直到 19 世纪 50 年代，牛津大学的教育"依然以博雅教育为主，神学、法学、医学的专业教育几乎可以忽略不计"[①]。历史发展进程中，牛津大学一直坚守博雅教育，至今现代牛津大学的教育中也贯穿着博雅教育理念。

（一）牛津大学博雅教育课程的历史发展

博雅教育理念是牛津大学人才培养的核心思想之一，从建校之初到现今的课程设置中都蕴含着强烈的英国大学博雅教育理念色彩。巴黎大学建立后，处于世界领先地位，吸引了大量国外求学者。英国也有许多学者到巴黎大学进修。然而，由于政治性因素，英国学者只能在本国求学，在此背景下，诞生了牛津大学。建校初期，牛津大学主要模仿巴黎大学的课程模式，在学科方面，开办了神学、法学、医学和文学。13 到 15 世纪，牛津大学重点研究古希腊经典文学，课程内容主要为亚里士多德的著作。同时，牛津也继承了 12 世纪英国学者研究数学与自然流传下来的学术传统。因此，古典学科

---

① 沈文钦. 西方博雅教育思想的起源、发展和现代转型：概念史的视角［M］. 广州：广东高等教育出版社，2011：155.

知识与自然科学方法的兼顾，成为牛津大学博雅教育课程的重要理念之一。14世纪，牛津大学成为"神学辩论的场所"①，吸引了不同宗教派别的学者来到牛津进行讨论。这个时期宗教势力异常强大，神学知识渗透到社会的各个角落，大学也普遍开设了神学课程。在此环境中，牛津大学也开设了宗教色彩强烈的经院哲学课程，培养了大量的宗教神职人员。从纽曼的自由教育思想出发，大学应当教授普遍知识，神学课程的学习本身就是大学博雅教育理念的体现。人文学科知识一直是牛津大学的特色之一，学科和课程基本上都围绕着古希腊的"七艺"展开，具有鲜明的古典色彩。牛津大学"坚持以古典人文学科知识教育为核心的自由教育观"②，人文学科知识的教授是牛津大学实施自由教育的一种途径。学生通过学习这些知识，心智受到培养，理智得到训练。这种形式的教育属于"大"博雅教育，即注重文理交融，不突出专业性。此外，牛津大学在设置学科和课程的同时，注意聆听外界声音，与社会联系密切。例如，为满足当时社会的需求，开设了教会法、民法等"热门"课程。学习这些课程后，学生能够更加适应社会，有力地促进了学生的全面发展，这也是大学博雅教育课程的人才培养目的。18世纪，牛津大学的课程主要分为两个部分："一部分课程沿袭传统的模式，以培养学生的辩论和演说能力为主；另一部分课程以经过改造的科目为基础。"③ 第一部分的课程依然以古希腊古罗马的经典著作为主，辩论

---

① 周常明. 牛津大学史［M］. 上海：上海交通大学出版社，2012：133.
② 别敦荣，蒋馨试. 牛津大学的发展历程、教育理念及其启示［J］. 复旦教育论坛，2011（2）：72–77.
③ 周常明. 牛津大学史［M］. 上海：上海交通大学出版社，2012：136.

和演说能力是古典学科课程的培养重点。第二部分的课程，紧随社会发展，当时实用功利主义思潮盛行，牛津大学也受到了一定的冲击。牛津依然坚持古典大学的传统，捍卫古典教育，但也增加了一些经过改造的科目，自然科学知识受到重视。此时的牛津大学，传统古典课程依然占据主要位置，以培养绅士为主要目标。而一名绅士的造就需要多方面的培养，大学不仅要注重学生的才智养成、理智训练，也要着重培养学生的良好品质。牛津大学的人才培养目标也体现了英国大学博雅教育理念。18 世纪末，牛津大学的"学科范围有所扩大，一些新的自然科学开设受到重视"①。从开始继承自然科学传统，到逐步重视自然科学知识，牛津大学的"大"博雅教育的理念逐步凸显，古典学科教育不再是牛津大学的唯一标识，自然科学也逐渐发展起来。

19 世纪上半叶，牛津大学设置的课程"以古典学为核心，数学、逻辑学和神学为辅"②，课程内容涉及人文和自然领域，这种文理交融的形式属于"大"博雅教育范畴。通过这些课程的训练，能够培养学生严格的逻辑推理能力和解决问题的能力，这些是未来绅士、政治家、社会精英所必备的素养。19 世纪中期，随着自然科学系、法学与现代史系和数学物理系的成立，理科教育在牛津大学中地位越来越重要。牛津大学不断拓宽的学科专业范围以及逐渐深入的教学领域，都是牛津大学博雅教育理念的表现。虽然此时的牛津

---

① 贺国庆，王保星，朱文富. 外国高等教育史［M］. 北京：人民教育出版社，2003：117.

② 沈文钦. 西方博雅教育思想的起源、发展和现代转型：概念史的视角［M］. 广州：广东高等教育出版社，2011：233.

大学课程还以古典学科为主，但是世俗化的趋势不断扩大。人文学科知识与自然学科知识的兼顾，将牛津大学博雅教育理念充分表现出来。此外，牛津大学依然重视拉丁语、希腊语等古典语言课程。牛津大学所强调的古典语言学科的学习，是通过经典文学名著的熏陶，塑造学生独特的审美观和高尚的道德观，最终培养学生集中性解决问题、创造性探究以及逻辑推理的能力。虽然当时有人反对，然而事实证明牛津大学的做法并没有错。牛津大学的教师依然处于学术前列，毕业生也具备极强的就业竞争力，成为世界一流大学。所有取得的成就从侧面证明了牛津大学实施博雅教育的正确性。

（二）牛津大学现行的博雅教育课程

牛津大学现行的课程中没有像美国大学设置通识课程那样专门开设博雅教育课程，但整个专业教育中贯穿着博雅教育理念。历史与经济学（History and Economics）、物理学与哲学（Physics and Philosophy）作为牛津大学代表性的联合专业，英国大学博雅教育理念渗透在其课程体系中。

1. 历史与经济学课程

历史与经济学综合了历史学和经济学两门学科的知识，将经济学、经济史和历史（政治及社会方面）相结合。这种课程组合形式表明学科之间都存在联系，没有学科可以单独存在。从知识的整体性和综合性角度凸显了大学博雅教育的理念。学生拥有选择专攻方向的权利，相应的选择不同比重的历史与经济学课程。历史与经济学并重的课程培养模式拓展了学生的思维，有助于学生形成综合视角，全面看待问题。

　　牛津大学历史与经济学专业的学生可以同时学习两者不同类型的学科知识，历史学课程有利于学生形成跨越界限的横向思维，经济学课程有利于学生养成直接简洁的集中力。也由于历史与经济的专业性质，牛津大学设定一些规则帮助学生更好的学习课程。学生在选择课程时必须按照一定的比例。经过三年的课程训练，学生可以获得历史学家论证的严谨性，经济学家定量分析的数据处理方法，这些都为未来工作生活提供了强有力的准备。从近些年牛津大学历史与经济学的毕业生从事的职业进行观察，多集中于工业、管理咨询、法律、教育和公共服务、民事和外交服务以及银行等行业。毕业生就业的行业实际上受专业的限制较小，只要与历史、经济相关即可。宽广的就业面表明历史与经济学的学生在大学阶段的学习基础牢固，扎实的课程学习，为学生打下了具有竞争优势的知识技能和专业素养。

　　2. 物理学与哲学课程

　　牛津大学的物理系是英国最大的物理系之一，强有力的专业技术研究保证了所开设的课程基本都是依据最新的研究成果。而牛津大学的哲学系则是全英国规模最大也是最为著名的。物理学与哲学专业将自然学科中最根本的物理学和人文学科中最严谨的哲学联合在一起，极具特色和价值。这两门专业组成的联合专业，是人文学科知识与自然学科知识最具代表性的结合，专业本身的存在就体现了牛津大学博雅教育理念。物理和哲学专业的毕业生具有极强的就业竞争优势，部分毕业生会进入科技行业，从事研发或研究产业技术作用的行业。当然也有部分毕业生从事与所学专业无关的职业。

值得注意的是，牛津大学的物理与哲学专业"几乎40%的学生继续进行研究生学习"①。与工程科学专业的30%相比，高出10%。这也从侧面表明物理和哲学本科专业的学习被学生作为进行深层次专业教育的基础性教育，是一种"大"博雅教育，文理交融，不突出专业性。

　　总之，"英国的大学教育是一种广泛意义上的通识教育"，博雅教育理念一直贯穿于英国大学教育之中。其博雅教育具有以下明显的特点：博雅教育理念在经历诸如赫胥黎、纽曼、利文斯通、穆勒、怀特海和赫斯特等教育学家们的丰富阐释之中不断发展；在实际操作中努力尝试课程多元化，诸如牛津大学开设的物理学与哲学专业就是最好的代表，无论是古典大学还是城市大学，都有宽广的专业设置面，通过设置大量的联合专业及具有特色的联合课程来融会贯通大学博雅教育理念；此外，英国大学实施博雅教育还遵循学生课程选择的自主化原则，学生掌握选择专业课程的权利，决定所要研究的方向，这使得学生的主观能动性得到充分发挥，大大激发了学生的学习激情。

---

① 牛津大学. 英国牛津大学课程［EB/OL］. 英国牛津大学官网，2018-02-04.

第四章

俄罗斯大学通识教育的现状与特点

俄罗斯大学通识教育自苏联时期就已见端倪。20 世纪 90 年代以后，俄罗斯延续前面的改革，仍然注重高等教育课程的基础性和人文倾向。不同的是，随着俄罗斯多级高等教育体制的确立，其在课程设置上也进行了重大调整，《第三代国家教育标准》也是在此基础上进行更新和补充的。

第一节　俄罗斯大学通识教育的起源

一、俄罗斯大学课程设置的过去与现在

苏联时期的高等教育较为注重专门人才的培养，因此，其在课程设置上也主要以专业教育为主，普通教育课程所占比例很小。后来，随着科学技术水平的日益提高，过度的专业化教育与经济及科技发展不相适应，于是，在 20 世纪 50 年代中期进行了一次高等教

育课程改革，加大基础课教学的比例，实施广泛的专业教育，高等学校的专业数目也由 600 多个缩减到 300 个左右。①

80 年代后期，苏联继续在前一阶段改革的基础上启动新一轮高等教育课程改革，提出了培养专业面宽、具有深厚的基础知识和实践技能的专门人才的目标。并且允许在保持课程设置的国家统一的前提下，由地方和高校根据实际需要灵活设置课程。② 此外，进一步加强高校课程的文理渗透作用，并且开始尝试开设选修课，包括指定选修课和自由选修课，其所涉及的学科范围比较小，但是，在一定程度上满足了学生的特殊需要及其兴趣爱好。这些有关高等教育课程改革的措施为后来俄罗斯高校的课程改革奠定了基础。

毋庸置疑，不只是文学类课程，高校所有的教学课程，都能够使学生形成正确的世界观，它涵盖人类生活的各个方面，无论是从对世界的态度还是对生活的规划方面都有一定的帮助。换而言之，每一门课程都具有其教育作用，没有主次之分。在秋明国立石油—天然气大学召开的题为"在专业人才培养过程中发挥教学课程的教育潜力"科学—方法会议充分证明了这一点。俄联邦教育与科学部和喀山国立师范大学于 2004 年 5 月 18 日也召开了类似会议，提出"教学课程在教育机构中的地位"问题。

俄罗斯高等学校的任务不仅是要培养在劳动力市场上具有竞争力的专家，还要培养具有坚定立场、个性鲜明，能够给社会和国家带来福利的人才。90 年代初，正值苏联刚刚解体，国家还尚未完全

---

① 中央教育科学研究所比较教育研究室. 六国高等教育结构［M］. 贵阳：贵州人民出版社，1988：236.

② 韩骅. 俄苏高等教育与社会变迁［J］. 高等教育研究，1995（4）：92.

步入良性发展轨道，青年培养体系也遭到严重破坏，在这种情况下，教育标准在教育机构中发挥了重要作用，特别是在学生的培养方面。知识、能力和技能三个方面的内容成为高等教育课程设置的主要原则，并且这些原则与影响人才未来成长的评定是不相关的。一般情况下，学校会设置个别略带学术性的选修课程，由人文科学和文化课程教师同学生一起在课外时间完成。这样，授课教师不仅是知识的传播者，还应该是睿智的教导者、教育者和参与者，这为后来俄罗斯高校的课程中选修课的设置奠定了基础。

90 年代以来，俄罗斯仍将国家统一制定教学大纲、教学计划作为实现课程改革的主要路径，为此，于 1994 年颁布了第一代《高等职业教育国家教育标准》（以下简称《国家教育标准》）。2000 年进行修订后推出了第二代《国家教育标准》，对各学科专业的最低内容标准和培养水平等都做了规定。同时，《国家教育标准》也准许高校在课程选择、教学组织等方面拥有一定的自主权。

现在，俄罗斯高校大都在使用第二代《国家教育标准》。在标准中将高校课程划分了四大类：普通人文和社会经济课程、数学和自然科学课程、专业基础课程、专业课程，此外还有独立的选修课程部分。随着俄罗斯管理权限下放政策的实施，其高等教育课程也包括联邦、地方、高校三个层次，按《国家教育标准》的规定，联邦层次的普通人文和社会经济课程占 70%，数学和自然科学及专业基础课程占 80%，余下部分由地方和高校均分，其中，专业课程的设置完全由高校确定。①

二、人道主义和人文主义思想对俄罗斯大学课程的影响

（一）人道主义思想对当今俄罗斯教育领域的改革发展的作用

1988 年末，全苏国民教育工作者代表大会召开，对师范教育的目的、结构、内容和方法等进行了根本性变革。此时首任、也是唯一一任苏联总统戈尔巴乔夫大力宣扬并推行"新思维"思想，教育界所提倡的教育改革新思维亦在政府主管部门的筹划下出台。1990年前后提出的教育民主化、个性化、人道化、多元化、非政治化等口号是俄罗斯国家教育政策重点转变的开始，1992 年颁布的《俄联邦教育法》对改革的这些主导思想加以肯定并通过法律形式确定下来。

"人道主义的""人文的"这些术语在日常使用意义上很相近，但是在探讨教育的人文化时往往开始出现差别，它们都具有自己合理的内涵。人道主义（或人文主义运动）的含义是"观念体系的历史变化：承认人作为个体的价值，有自由、幸福的权力，发展和表现自己的能力，人的幸福程度被认为是评价社会制度好坏的标准，而平等、公正、人道的原则是期望的人与人之间的规范准则；狭义的理解是指文艺复兴时代的文化运动"。

这样，"人道主义（或人文主义运动）"本身已经有两层意思：广义的和狭义的。广义上是指唤醒人们建立在各种规划或人的幸福

---

① 付轶男．社会转型进程中的俄罗斯高等教育课程改革：以课程目标和结构为中心 [D]．硕士学位论文，2004：28.

行为基础上的个性的价值体系，它是真正的生活所必不可少和自然的权利；狭义的理解是指欧洲（特别是意大利和德国）文艺复兴时期（15—16世纪）的文化运动，只有在这一运动的框架下才出现"人道主义（或人文主义运动）"这一术语，最初将其理解为文学结构等智力知识的固有形式的代表，如修辞学、语法学、诗歌、伦理学、哲学。"哲学"这一术语最初是从希腊语"爱智慧"转译过来的，文艺复兴时期的人文主义者将关注的中心放在"智慧（言语）"上，明智的话语首先是在古希腊罗马的文本中找到的，他们研究的目的是通过认识古希腊罗马的智慧以提高人的个性。

在许多欧洲语言中，文化和教育这两个词汇密切相关。俄罗斯今天的教育危机因为国内的经济危机和精神危机而加剧。而教育危机的实质是教育与文化的分离。俄罗斯著名文化学者梅如耶夫指出："今天我们是用功利主义的眼光看教育的，教育对我们来说就是获得一定的专业，教育甚至不是民族生活的条件，而是职业生活的一种条件。当今社会中教育和文化远远地分开了。"① 教育和文化的分离导致教育的专门化，使得教育成为科学与技术发展的基地，教育的主要目标就是培养专业技术人才，致使受教育者成了有知识技能却没有文化的人，教育的文化功能丧失，整个社会的文化水平也随之降低。在此情况下，教育改革的重要任务就是加强教育与文化的关系，而方法就是实现教育的人道化和人文化。将人道主义作为教育的指导方针，加强教育中的文化韵味，使教育过程在一定的文化背

---

① 张百春. 文化学研究在俄罗斯［J］. 国外社会科学，1998（6）：16. 引自《哲学问题》，俄文版，1997（2）：10.

景之上进行，成为民族文化的一部分。

（二）实用人文主义对俄罗斯学校教育的影响

人文主义关注的是怎样使人成为具有博爱和人道的人，不让这些品质从人的本质中消失。当今社会，人的本质很大程度上蕴含在文化成就之中，它不是外显的，只能说它丢失或者被遗忘。因此，人文主义的复归不能离开人的本性的复归。

俄罗斯著名哲学家梅拉布·马马尔达什维利（M. K. Мамардашвили，1930—1990）认为，"人本身是有生命的个体，能够不依赖天赋自己创造一些财富，人可以通过仪式、神话、魔法、宗教、哲学……实现自我创造。"①

以文化财富的自我创造来表现人之本性形成的本质，这是人文主义一种非常实际的、具体的做法，同时还应该是实用的，而不是上流社会所理解的人文主义。

实用的人文主义——是指人有意识地接收人文主义的价值观，并将其积极地贯彻到生活中，随时随地对人文主义的主体进行划分巩固了这一含义。本质上说，它就是人生活的本来面目。在这一思想中，实用人文主义是在理性的实用技术与实用主义、狂热的沙文主义、极端主义和对外国人的憎恨等不同思想之间的一种抉择。

实用人文主义教育学是在日常生活中构建自己的人文立场，它是人们日常生活的支柱。但不是支持某些领导人的"吊带"、训言和指令，而是使个人养成博爱、人道的品质。在能够实施而且必须实

---

① 弗拉基米尔·卡拉科夫斯基，德米特里·格里戈耶夫. 作为新一代自主思想研究的实科人文主义学校［J］. 国民教育，2007（1）.

施实用人文主义教育学的环境中，规模庞大的普通教育学校在社会主义环境下占有特殊的位置。学习和教育不是单个人的事，更是整个同龄群体的事。将人文主义的重点转移到规模较大的学校可以促进人文主义生活方式走出精英培养的边界，能在更为广泛的社会阶层中得到适用和推广。①

第二节　俄罗斯大学通识教育发展现状

一、人文化改革下的大学通识教育

1992 年，俄罗斯联邦《教育法》中提出要实行"人道主义""多元化"和"民主化"的教育，指出在教育内容上要以保证个人的自我选择并为其实现创造条件，以发展公民社会、巩固和完善法制国家为最终目的，要使受教育者形成符合世界标准的教育程度和知识水平，养成符合世界标准的社会总的文化修养和职业修养水平，达到个性在世界文化和民族文化体系中的一体化，培养出与现代社会相适应并以完善这个社会为己任的具有个性的公民，复兴和发展社会的人才。俄罗斯总统普京非常重视优先发展人文教育，他认为，这是时代的要求，并且当前俄罗斯对人文教育的需求不亚于技术教育。因此，俄罗斯社会和人文学科应当受到优先考虑，要发展其实

---

① 弗拉基米尔·卡拉科夫斯基，德米特里·格里戈耶夫. 作为新一代自主思想研究的实科人文主义学校［J］. 国民教育，2007（1）.

践基础，形成道德标准和塑造美好灵魂的动机。俄罗斯教育的人文化改革在普通教育和职业教育中均有明显体现，其在高等教育领域里强调的更多些，因此，这里主要介绍高等教育领域人文化改革的状况。

现代俄罗斯社会在经济、政治、文化领域，在社会与个人、社会与国家关系方面都发生了重大转变。在这种转变的影响下，高等教育作为其社会体系的组成部分在结构、内容和发展方向上都做了重新调整，其中一个重要的变化就是更加注重学生的个性、创造性和自我创造的发展，以及对其文化和职业潜力的关注。在此基础上，人道化这一概念也渗透到了俄罗斯的高等教育领域，它要求在当代的文化空间中为大学生的自我实现、自我定位创造条件，在学校中创建人文化的环境，这样，以人文教育为核心的通识教育得到了加强，其重点是拓宽基础、文理通融。从高校在这方面所发挥的作用来看，高等教育的人文化对于高校克服其在专家培养方面的片面性和不连续性，拓展学生的文化视野，形成和发展高校毕业生的公民立场和职业创造活动等方面都具有特别重要的意义。

以往，高校所有的学习和教育活动都是出于培养专家在更大程度上适应生产的要求而展开的，这也是高等教育最为主要的目的，而对专家的教育是列在第二位的。但是，在俄罗斯社会开始走向人道化的背景下，对专家的教育问题显得越来越重要，因为高校所培养出来的专家自身也会提出更多的针对生产的要求，包括劳动技能、其智力和创造能力的提高等。国家教育的目的和指向在于培养有文化的人，这也决定了另一种专家培养方式的必要性，即不仅是在

"知识"和"能力"这两个概念中拓展人文化的培养方式，也要在文化概念中加强如道德文化、信息文化、人文科学文化、技术文化、职业文化等方面的知识修养。

人们通常将教育的人文科学化理解为在数学、物理、化学、生物等学科之外增加人文类学科。毋庸置疑，后面四门学科，特别是数学在学校中占有很大比重。原因在于：第一，苏联时期的学校是传统的、优先倾向于中等专业学校和高等技术学校人才的培养的，这些学科（数学、物理、化学、生物等）自然要列为主要学科；第二，很多人都认为没有这些基础学科就不是真正的教育，机械地缩减这些科目的课时是不会达到教育的人文化的。在教育机构特别是在高校，课时的分配完全侧重于学生专长的培养，在人文科学化方面做得都不是很好，这也与长久以来所形成的高等教育的基础性的定位密切相关。

俄罗斯高等教育体系的构建和发展是建立在传统的对高等教育的国家性、等级性和基础性的定位基础上的。高等教育的基础性就是将科学知识和教育过程相结合起来，旨在让受教育者了解人类都要遵从自然和社会规律而生活这一任何人也不能忽视的事实，鲁莽地破坏科学中的这些规则对周围人来说是危险的。基础科学教育只能是标准的教育，其主要的目的就是拓展科学知识作为世界文化的不可分割的一部分。高校的基础教育本质上可以称之为标准的教育方式，大学在宣传和实施这类教育中占有主导的作用，它能够确定整个教育体系知识计划的高度，创造俄罗斯的荣耀。俄罗斯拥有这样的大学，重要的是不要让这类大学的数量减少。

俄罗斯拥有伟大的传统，也有能够保护、巩固和发展这些传统的人——高校的教授、青年以及那些为科学服务的人。但是，在新的时代背景下，对这些人才的培养不能仅局限于基础教育层面，还需要加强他们在人文科学知识方面的教育。

在过渡时期，把提升个人的作用、激发社会的人文化进程作为工业文明危机条件下生存的保证，由此不能不说到高等职业教育优先发展的方向和价值取向的形成这个问题。俄罗斯教育的主导价值在专家的职业和社会活动中具有重要意义，它取决于从工业社会危机到后工业社会文明这一过渡时期的社会现实：

——高新技术的发展及其快速的变化，要求优先发展学习者的创新和适应能力；

——科学领域知识分子潜力的降低，要求提高专家培养的质量及其技能；

——普遍的生态危机摆在教育特别是工程教育的面前，要求全面地改变生态意识的任务，培养专家在研究和应用纯生态的技术和生产上的职业倾向性和指向。

——信息革命和向信息社会的转变，要求学习者形成信息文化、阻止来自媒体的有害信息，同时要求加强教育内容的信息化方向，在教学过程中广泛实施信息技术；

——社会意识的发展速度落后于人类全球问题的发展速度，要求平衡两者的进程，包括通过教育体系使学习者具有全球化的思想，引入新的课程，如系统模拟、协同学、预测学、全球学等；

——技术和社会发展进程的平衡首先与形成新的世界观模式相

联系，拒绝人类中心论，形成新的有价值的世界观，形成一个智力圈，在人道主义为主导思想的基础上形成新的价值取向；

　　——所有这些过程首先要涉及教育体系，并直接与加强教育的育人因素、通过知识和信仰加强青年的精神和道德教育相关。

　　俄罗斯职业教育在育人方面的作用特别大，或者说它肩负成为社会保护体系、能够为 21 世纪培养道德品质较高的下一代专家的任务，这是俄罗斯国家未来成功发展所必需的。俄罗斯急速地、突然地步入市场经济的不良结果、集权主义社会及其道德价值的垮台在青年人中产生了消极的社会影响，如自我中心主义、狭隘的利己主义、道德丧失、社会缺陷的复合、学校道德价值的急剧下降、不相信社会进步、没有信心等。高校的教学也因此担负着防止大学生有类似的倾向、加强大学生教育工作的任务。在没有连续的从事教育问题研究的有效的社会制度和青年组织的情况下，教育应该贯穿于整个教学过程，教育内容和过程的性质应该符合新的教育模式及俄罗斯教育发展的战略和方法。

　　今天，每个大学教师都应具有个性和职业技能（абилитация 是从法语"habile"而来，指熟练的、合适的、水平高的，它意味着具有符合现代要求的教学技能），以便将各种变化引入自己的教学活动中，制定合理的、新的个人教育路线。所有上述内容都表明了高校人道化和人文科学化的重要性。

　　高等教育的人文化可以理解为：为大学生在现代文化空间个性的自我实现、自我定位创造条件的过程，在高校创建人文科学环境，促进个体创新潜力的拓展，形成思维的智力圈、价值取向和道德品质，并一直伴随他们将来的职业和社会活动的实际。教育的人文科学化，特别是技术大学的人文化，要求拓宽人文科学方面的课程，为了使学生获得系统的知识而在课程内容上实现一体化、综合化。这两个过程是相通的，并且相互补充，在它们的相互关系中就可以看得出这一点，它们与教育的基础化过程应该达成一体。

俄罗斯高等教育人文化的标准突出表现在以下几方面：

——掌握人文知识和文化中所包含的全人类的价值体系和活动方式；

——一定要有深厚的语言准备，在此情况下，语言模式成为整个人文科学化综合体的组成部分；

——非人文类教育机构的人文科学课程在所学习课程总量中应该至少占 15%—20%，并且其比例还应该不断地增加；

——消除跨学科课程的缺口，不论是纵向还是横向的跨学科课程；

教育的人文科学化要求拓展人文科学教学的课程，以丰富的科学思想争论方面的资料、关心人类命运的学者在科学研究方面的首创、依赖于人的个性和道德品质及其创造才能的社会经济和科学技术发展的过程等知识来丰富自然科学和技术类课程。这样，教育的人文科学化革新和实现的前景与自然科学和人文科学课程间的相互渗透是密不可分的，另一方面，与人文科学教育作用的加强也紧密相关。

在高等技术教育的人文化和人文科学化上，首先应该考虑到工程教育在 21 世纪与周围环境、社会、人在工程活动中的新的关系即工程活动应该是人文化的这一事实紧密联系。为此，在技术高校和大学中应该特别关注技术哲学。技术哲学与科学哲学有很大区别，科学哲学始终都围绕以下一些问题：以什么样的方式评价科学的真实性，这种真实性的意义是怎样的，而技术哲学则主要围绕自然界中的伪现象即被人伪造出来的东西等问题。因此，对技术大学而言"我们所创造的是一个什么样的自然界，我们为什么要这样做？"是一个需要思考的最基础的科学问题，这也是技术哲学的任务之一。大学中的技术类学科的教育应该带有人文性，不应该与自然界、社会和人类处于敌对的状态。这就需要创建一个"人文化"的技术教育环境，这种环境的创建要求改变人们对自己活动的本质的看法，而改变工程师和技术领域其他工作者观点的唯一方法就是通过教育的人文化和人文科学化。

人文科学知识包括关于人、社会、人与社会相互作用的科学，预测社会发展的进程和人类所生存的自然界的发展。在组织大学教学的过程中，学习的跨学科性应该成为主要的发展倾向，现代知识的跨学科性构成了现代大学教育的基础，这里主要包括两个方面：将一系列的人文科学课程较多地引入到大型技术型高校；用基础的技术和自然科学知识丰富人文科学类专业和课程，或者反之。

这条通过跨学科方法教学的路径可以促使大学生形成全球化的意识和灵活的思维方式，以及解决各个领域衔接过程中产生的综合问题的能力，能够使学生认识到基础研究、技术操作、生产和社会需求之间的相互关系，能够对某种革新的效率做出评价，以及在实践中开展革新活动等。在培养新型专家和工程师的过程中，人文科学的培养工作不仅触及了技术领域创造活动的本质，也触及社会、生态和经济领域创造活动的本质。

但是，俄罗斯技术高校当前的教育体系并没有给工程师理解有效的社会相互作用和文化交流的技能。到目前为止，在俄罗斯，人文科学和技术领域的活动、思想和教育还存在急剧的分化甚至对立的状况，俄罗斯教育教学体系的两个组成部分——人文科学和技术领域——的相互作用很弱。这是俄罗斯教育中一直存在的问题，但至今仍没有以应有的方式得以解决，这主要是因为工程师的活动实际上不是以人文科学等精神层面的创造为发展的源泉的。

显然，解决技术类高校的人文化问题，必须实现将人文科学知识渗透到自然科学和技术课程中，以自然科学和基础科学丰富人文科学知识这一目标。技术类高校的人文化和人文科学化构想可以归纳为以下几个主要方面：

——教育人文化问题的综合解决方法要转向完整的人和完整的人类存在；

——加强学生的人道主义知识的学习和教育；

——注重人文科学和技术领域知识的学习（现实的和非现实的、物质的和精神的、生物学和技术学、技术学和生态学、工艺学和生命机体学、工艺学和社会学等）；

——加强教育中的跨学科性；

——使高校中的社会—人文课程循环发挥作用，作为基础的、起点的教育和系统的学习；

——克服思维定式，加强人文科学文化知识的学习；

未来的技术类高校应该是人文—技术大学即人类统一文化大学，因为 21 世纪的工程教育和人文科学活动开始相互接近，它们与周围环境、社会和人形成了新的关系，会产生生物学与技术学、现实的与非现实的、精神的和物质的学科继续相互接近的状况。未来的工程教育中不能没有人文科学工作者的培养，因此，整体的教育的人文化特别是技术领域的人文化是俄罗斯高校的首要任务，解决俄罗斯技术大学中教育的人文化应该从以下几个方面实现：

——拓展人文科学课程模块；

——保证人文知识与非人文课程（自然科学和技术学）之间的相互渗透；

——通过拓展关于科学思想的斗争、关心人类命运的学者在科学研究方面的首创、依赖于人的个性和道德品质及其创造才能的社会经济和科学技术发展的过程等知识来丰富自然科学和技术类课程；

——教育中的跨学科性；

——学习解决技术领域和人文科学领域的科学技术问题；

——保证大学生在技术大学获得第二次人文科学或社会经济专业知识的可能；

——加强工程师在法律、语言、生态、经济等领域知识的培养；

——在大学创造良好人文环境；

——加强在个人志向方面的教育。

此外，除了政治、经济、社会、文化、教育本身和其他因素的影响外，现代高等教育一体化的过程是高等教育向人文化方向发展的重要因素。教育一体化的过程不仅覆盖于教育外部层面，如建立统一的普通和职业教育部、创建统一的联邦的、地区的、市政的教育空间、制定普通和职业教育标准等，也覆盖于教育内部，如制定和实施一体化的方针、针对教师与学生的生活实践经验的师生间相互作用的艺术、教学活动的形成等。对高等教育而言，人文科学化也是教育一体化的体现。

不论是中等教育领域的人性化改革，还是高等教育领域的人文化倾向，都体现了俄罗斯在教育变革中对人的关注，其最终目的都是为了培养既掌握了基本知识和技能又具有一定的道德文化修养的高素质的人。在俄罗斯教育领域全面的市场化环境中，仍然将教育的人文化作为一项重要的改革内容，这对于俄罗斯的人才培养无疑具有重要的现实意义。国民素质不仅决定着人力资源的整体水平，而且还决定着整个社会发展的水平，国民整体文化素质的提高也是国家竞争力提升中一个重要的影响因素。

二、两级高等教育体制下的大学通识课程

1992 年，俄联邦科学部高等教育委员会通过《关于俄联邦建立多级高等教育结构的决议》，其中的一项重要内容就是在原有的单一的专家培养的基础上增加学士和硕士两个层级，逐步向多级高等教育结构过渡，以实现与国际上通用的学制结构及学位制度相接轨，使人才的培养更加多样，以适应劳动力市场需求。高等教育层次结构及学位制度的变革要求高等教育的培养大纲即课程也要进行相应的改革，以与之相匹配。1993 年 6 月 9 日，俄联邦高校技术政策与科学部委员会就多级高等教育体系下新的专业目录调整问题进行了

讨论，讨论的结果是，在新的层次结构中，组成高等教育培养大纲的基本结构单位除了传统的"专业"（специальность），还引入了新的结构单位——"学习方向"（направление обучения）。这实际上是对实施多层次高等教育结构和学位制度后在课程设置上的相应调整与变化。

方向和专业培养目录是俄罗斯高校教学过程中教研室组织系统的基础，使高等教育结构发生了重大变化，拓宽了学生接受高等教育的机会，使高校的基础教育大纲呈现出多样性。方向目录与科学工作者专业目录相适应，旨在为教育和科研活动领域培养所需人才，保证各水平教育大纲的连续性；专业目录主要为高等教育所需要的实用类职业活动培养人才，它与中等职业教育专业目录相对应。

第一代《国家教育标准》中已经列入了高等教育的方向和专业目录。第二代《国家教育标准》也对高等教育的专业和方向目录做出了相应规定，包括以下一些内容：①高等职业教育方向目录最初所列的 97 个方向是按照知识领域划分的，这些方向适用于国家教育标准中的两种学制结构——4 年制学士和 6 年制硕士；②专业目录是按组划分的，适用于学制 5—5.5 年的文凭专家；③技术和工艺领域文凭专家的方向培养目录由 78 个方向构成，其下面还具体划分了 305 个专业，在国家教育标准所确定的多级大纲培养体系中，人文和自然科学也按照这一方案实施。这样做的目的是为了保护传统的按专业培养的模式。这样，在多级高等教育中按方向培养文凭专家的方案首先在技术和工艺学科领域实施，实际上，文凭专家按方向培养的方向数要比学士和硕士按方向培养的方向数高出两倍。

　　国家教育标准对高等教育的专业和方向做了具体划分，为配合高等教育的层次结构改革，在国家教育标准中对一些重复的或已不符合市场需要的教育大纲进行了适当的合并。2007 年 5 月 16 日，俄罗斯国家杜马通过的《关于引入两级高等教育体制的法律草案》规定，已有的 530 个专家培养方向（即按专业培养）将被缩减到 130～150 个；120 个学士大纲（即按学习方向培养）将被裁减至 60—100 个，以便最大限度地拓宽学生的专业面。

三、第三代《高等职业教育国家标准》及课程改革

　　1992 年《俄联邦教育法》提出制定国家教育标准（也称国家课程标准），作为形成基础教育大纲的制度性文件，以及对教育水平和学生知识掌握情况进行判定。俄罗斯的国家课程标准起点比较高，虽然标准反映和体现的是对课程量、课程深度及实践技能等教育内容的最低限度的要求，而实际上，它所规定的很多最低标准要求都已经超过了欧美一些发达国家的水准。俄罗斯制定和颁布《国家教育标准》的意义在于保证高等教育的质量和俄联邦主体间统一教育空间的建立，它是对教育机构进行客观评价的基础，同时也是实现与国际高等教育接轨的需要。①

　　现在俄罗斯高等教育领域存在的一个非常尖锐的问题就是，高等职业教育标准越来越不能够适应社会和劳动力市场的要求及世界高等教育发展趋势。俄联邦总统在一次大会致辞时表示：应该适时地将教育标准贯彻到实践领域，以及使教育内容符合世界标准，政

---

① 　张男星. 俄罗斯国家课程标准述评 [J]. 课程·教材·教法，2005（6）：90 – 91.

府应该对教育大纲的内容改革负起责任，并与商业界和社会各界代表联合培养社会所需要的人才。由此可见，高等教育领域的这一问题已经被提升至国家层面。为此，俄联邦教育与科学部委员会在 2007 年 2 月 1 日发布了关于按照劳动力市场的要求和国际高等教育发展趋势制定新一代国家教育标准，以及逐步向两级高等教育过渡的决定。

早在 2004 年 9 月俄罗斯政府会议上通过的《俄联邦教育优先发展体系》文件中就重点指出，俄罗斯高等职业教育的现代化发展目标要求制定更为规范的新的教育标准，才能保证高等教育的综合性、基础性和实践倾向。俄联邦政府所通过的《俄联邦社会经济发展远景规划大纲（2006—2008）》文件中的"发展人的潜力和改善生活质量"部分也揭示了更新教育标准的实质性目的，即以往的教育体系已经不能完全适应现代劳动力市场要求。因此，俄联邦政府在教育领域工作的几个优先方向是：为俄罗斯教育体系的现代化提供法律保障；使专业人才培养的内容与结构符合现代劳动力市场要求；提高优质教育服务的普及度和开放性；创建独立的教育质量评价（管理）体系。由此可见，根据社会对各类人才的技能要求而制定新的教育标准和向两级高等教育过渡已成为俄罗斯政府及教育部门当前重要的改革举措。

2006 年 10 月，在俄罗斯教育与科学部委员会议上提出，为出台第三代《国家教育标准》而对高等职业教育的方向目录进行审查。现在，俄罗斯高校正积极地参与第三代《国家教育标准》的讨论与制定事宜，该项工作的一个主要方向就是策划高等职业教育方向和专业目录，而确定方向和专业目录时所应遵循的原则就是，既要保证高等教育的基础性，又要考虑到实际应用性。

寻求制定新的高等教育标准以及宽泛的培养方向目录的方案和路径是俄罗斯教育与科学部及各个高校工作的一个重要方面。俄罗斯教育与科学部按照有关多级高等教育的法律，对大纲中的专业划分工作给予了充分重视，这些研究同时也是在联邦教育发展专项大纲的方案及2005—2006年《高校科学发展的潜力》部门分析大纲框架下展开的。在方案的实施过程中，俄联邦教育与科学部还积极吸收了俄联邦很多著名高校的创新团体加入，并创建了一些由著名学者参加的工作小组。

俄罗斯三位学者谢纳申科（В. Сенашенко）、哈林（В. Халин）、库兹涅佐夫（В. Кузнецова）是上述改革方案的主要拥护者，他们联合发表了关于将高等职业教育方向目录作为第三代国家教育标准的组成部分的文章。其中一位作者曾是俄联邦教育与科学部的重要工作人员，并参与过高等教育内容改革方面的讨论。因此，他们的提议还是具有举足轻重的作用，所发表的文章也具有一定的权威性的。

在方向与专业目录的建议方案中，提出了只保留17个专业领域的建议，这17个专业领域是：法律鉴定、法律保护、医疗、儿科医学、医学预防方法、口腔病学、计算机安全、信息保护组织与技术、信息工程综合保护、电视交流体系信息安全、自动化体系信息安全综合保证、航天系统自然环境研究、试验和理论物理学、密码学、气候学、用于专家勘探的信息保证、海关事务。与以往相比，该建议中专业目录的数量缩减了近 30 倍（原有 530 个专业），削减掉的专业目录中近一半是工程领域。[①] 如此大规模地削减专业目录，目的在于打破传统的高等教育结构，尤其是高等工程教育一直以来占据主导地位的状况。

在高校教育实践中引入按方向培养模式的举措在教育界引起了很大争议，经过反复论证，在 2000 年 11 月，俄罗斯教育部颁布法令确定了最后的方案：由学士和硕士的方向培养目录、文凭专家的专业培养目录、文凭专家的方向培养目录三种方案共同构成高等职业教育的方向与专业目录。根据 2003 年俄联邦教育部颁布的《全俄教育领域专业分类标准的应用》法令，俄罗斯现行高等职业教育体系中共有 530 个专业领域作为连续的文凭专家培养大纲，120 个方向作为分阶段的学士—硕士培养大纲，50% 的高校有资格进行学士生的培养。[②]

现在，俄罗斯高等教育中几乎所有学科领域都可以进行学士和硕士的培养，只有医学、服务和信息安全学科领域除外。其中，文凭专家培养大纲占 84.2%，学士培养大纲占 11.7%，硕士培养大纲占 4.1%。按学士培养大纲学习的学生毕业后能拿到学位的人大概只有 10%。尽管如此，俄罗斯高等教育的学制结构仍然使学士—硕士培养大纲与文凭专家培养大纲并行存在。具体情况请参见附录 3 和

---

① B. Сенашенко、B. Халин、B. Кузнецова. о перечне направлений ВПО как составной части ГОС третьего поколения［J］. высшее образование в России，2007（3）：26.

② Н. Розина. о разработке нового поколения государственных образовательных стандартов. высшее образование в России，2007（3）：4.

附录4。

引入多级高等教育体制被看作是俄罗斯教育与科学部2010年以前高等教育领域综合改革中的重点。当今时代，科技发展和知识技术更新的速度越来越快，高校通过多种活动方式从用5—6年的时间培养出"专业面狭窄"的专家不论对于高校还是学生个人来说都是极为不划算的，企业也认为高校按文凭专家培养体制培养出来的毕业生进入工作岗位后，一半以上都需要立刻进行职业再培训或者进入进修学校。因此，高校需要引入知识面更广的学士培养大纲，使学生具有广博的基础知识，然后在硕士阶段进行专业化的学习，继而进入工厂或补充职业教育体系，学生在这样的发展轨迹上才能更快地适应迅速变化的劳动力市场。而创建这种灵活的教育结构体系是高校形成符合社会要求的知识结构和教育大纲的制度基础。

更新高等教育专业与方向目录的主旨在于提高教育质量，但是，目前新的目录更改方案还没有达到这一目的，反而在适当地扩大培养方向和排除传统的专业培养作为唯一结构单位之间产生了矛盾，更新高等教育专业与方向目录的策划者们将注意力更多地倾向于按组别划分培养方向上，而且最后逐渐从传统的基础性课程为主转变成实用课程为主，将高等教育专业与方向目录的更新首先定位在实用的方向上。例如，"物理—数学科学和基础信息学"科目被取消而变为"自动化与管理"学科领域的一个独立的方向——"应用数学"。但是，也有人对这样的划分表示反对，因为将培养方向定位于实用性上并没有使高校实际的教学内容得到丰富。通过撤销高校的基础性学科来拓宽专业和方向目录，只能导致基础性科学的继续缩减和将来无法扭转的落后局面。

　　一项新的改革措施能否顺利运行，是与其实施的最初条件相关的。现在俄罗斯高等教育的实际状况是，大多数高校还是按五年制专家培养大纲培养学生，只有少数高校被批准按新的模式进行改革。也就是说，迅速而全面地向多级高等教育体制过渡（大规模地对大学生实施 4 年制学士教育，对 1/5 左右的学生实施硕士教育）会给高校造成紧张的局势，并且还可能会导致国家整体教育水平的下降。对于是否彻底取消传统的专业培养体制还要逐步地在实践过程中论证。

第三节　俄罗斯大学通识教育的特点

一、高等教育课程由专业化逐渐向基础化方向转变

　　众所周知，由于苏联时期特殊的历史背景和时代条件，在高度集中的计划经济体制下，高等教育的主要任务是为社会主义建设服务，高校的培养目标就是为国家的各个具体的经济部门培养专门人才。因此，其在课程设置上，也主要以专业教育为主，当时高校所开设的专业数目之多在世界其他国家都属少见，所培养出来的人才也是知识面非常狭窄，只能从事其所学专业领域的工作，但是，这种人才培养模式充分地满足了社会各经济领域对专门人才的需求。20 世纪 80 年代以后，高等教育的这种培养模式越来越不适应变化的

社会及经济发展的形势，于是国家开始着手于拓宽专业领域，以使毕业生能够适应社会需求。高等教育课程的基础化改革在进入 90 年代以后更为明显和深入，高校在兼顾专业教育的同时，加大基础性课程的设置，以便为学生奠定更为坚实的理论基础。

俄罗斯大学的通识教育主要是通过国家教育标准来实施的。新一代的教育标准是由原俄罗斯教育部、俄罗斯教育科学院及各专业委员会联合制定的，从 2000 年开始逐步颁布实施，其中仅高校的课程标准就达到 580 个。到 2005 年，又进行了新一轮的教育标准的制定与修订，陆续出现了新的方案，教育标准中均体现了对通识教育的重视。其课程主要由四个单元构成：第一单元包括公共的人文和社会—经济课程，第二单元包括公共的数学和自然科学课程，第三单元包括公共的专业课程，第四单元包括专业课程。通识教育主要在前两个单元来完成和实施。

二、高等教育越来越注重课程的人文化倾向

苏联时期的人文课程及人文教育更多的是与政治挂钩，为政治服务。20 世纪 80 年代后期，苏联的教育是在戈尔巴乔夫 "新思维" 精神倡导下开展的，他突出强调了民主化、公开化、人道主义等思想的重要性，教育的人文化思想也是伴随这一思想产生的，并且一直影响到后来俄罗斯的教育改革路线。在俄罗斯高等教育的课程改革中也渗透了人文精神，不仅增设了很多影响学生世界观、人生观形成的人文课程，增加了人文科学知识的比重，而且还力图通过人文课程与自然科学课程的相互融合、相互渗透使人文教育思想得到

真正意义上的实施和推广。

纵观俄罗斯教育改革发展历程，体现了以人为本的发展方向和对受教育者的精神关注。俄罗斯学界认为："高等教育对于个人而言有两个作用：一是作为个性自我实现、自我表现和自我肯定的手段；二是作为在市场经济条件下求得稳定、自我保护和调节的手段，作为个人的能力、资本，将在劳动市场上得到发挥。"① 人文教育的本质首先是在理解文化和文明历史、所有人类遗产的基础上形成的大学生思维素质、创造能力。大学应该培养永远自我发展、自我完善的专家。为了达到这个目标，俄罗斯高校实行通识教育，在教育中加入关于人和社会的基础知识，与唯科学主义和技术统治势力斗争。

俄罗斯大学在人文社会科学方面开设的课程较为齐全，课时比重也占有重要份额。以哲学和数学专业为例，人文总学时都为1800，占四年制哲学专业7256总学时的24.8%，占数学专业7560总学时的23.8%。② 由此可见，俄罗斯高等教育越来越注重课程的人文化。

---

① 姜丽娟. 当前中国和俄罗斯高校课程改革的比较研究 [J]. 黑龙江社会科学，2009（3）.
② 梅汉成. 俄罗斯高等学校大力推行通识教育 [J]. 中国大学教育，2007（7）.

第五章

我国大学通识教育的现状与特点

通识教育，从某种角度上来说，它是美国高等教育在其发展历程中，结合西欧的自由教育与美国本土的教育实践而形成的一种新的教育思想和实践。我国的大学为了适应世界教育发展的潮流和应对世界高等教育的竞争，将通识教育的理念引入了国内，并取得了一定的成绩。本章将在回顾我国大学通识教育发展历史的基础上，梳理与分析我国大学通识教育发展的现状与特点。

第一节　我国大学通识教育发展的历史回顾

我国大学通识教育的历史起点在哪里，不同的学者对此有不同的观点。如台湾大学黄俊杰教授认为儒家、道家与法家诸子的教育观中即蕴含着通识教育的思想①；武汉大学冯惠敏教授则认为我国

① 黄俊杰. 大学通识教育的理念与实践［M］. 台北：台北通识教育学会，1993：47.

大学通识教育是以清末民初为起点的①。但不可否认的是，通识教育作为一种源自西方的教育思想与教育实践，我国最早将其引入并与我国的大学教育相结合是发生在清末民初时期。所以本节将以清末民初作为我国大学通识教育的起点，回顾我国大学通识教育的历史。从现有文献的梳理结果来看，我国大学通识教育主要分为三个发展阶段。即 1949 年以前的萌芽阶段、1949—1978 年的停滞发展阶段以及 1979 年至今的恢复和发展阶段。

一、我国大学通识教育的萌芽阶段（1949 年以前）

在 1949 年以前，通识教育在我国大学主要是通才教育。通才教育与通识教育虽然存在一定的区别，但两者在精神上是相通的，通才教育和通识教育一个直接从人出发，一个直接从知识出发，但最终都指向人的全面发展。清末至民国时期提出的通才教育思想是统一人格和统一知识的有机结合，是广义上的通识教育，因此这个阶段可以看作是我国大学通识教育发展的萌芽阶段。下文将进行详细介绍。

（一）通才教育的提出

维新变法时期，梁启超草拟了《京师大学堂章程》，确立了"中体西用"的办学理念，这一章程可以看成是我国大学通才教育发展的起步；至 1902 年，由张百熙起草的《钦定京师大学堂章程》成为京师大学堂的第二个章程，我国政府首次将大学的办学宗旨确定为"通才"。根据这一办学宗旨，京师大学堂将课程设置为溥通学和

---

① 冯惠敏. 中国现代大学通识教育［M］. 武汉：武汉大学出版社，2004：7.

专门学两大类。前者包括经学、理学、中外掌故学、诸子学、初级算学、初级格致学、初级政治学、初级地理学、文学、体操 10 门，学生年龄在 20 岁以下者必须从英、法、俄、德、日五国语言文学中任习一种，这些课程均具有通识教育的性质。学生溥通学卒业后，应习专门学一门或两门。京师大学堂溥通学和专门学的课程设置与西方大学通识教育的课程设置十分类似，很好的符合了"中体西用"的办学理念，这种学习西方先进科学文化的做法虽然是统治阶级为了满足自身统治的需要，但是其注重中国传统礼仪、传统文化教育的做法对于当今我国大学通识教育的发展仍具有一定的借鉴意义①。

（二）通才教育的发展

到了民国初年，通才教育得到了进一步的发展。1912 年 1 月蔡元培被任命为首任教育总长，同年他主持和起草了《大学令》二十二条，首先他认为大学是高深专门知识教与学的场所，同时大学在学术上应遵循思想自由、兼容并包的原则，给予每个人受教育的机会。其次他主张文理学科之间应打破隔绝，相互渗透。他曾说："文理是不能分科的。例如文科的哲学，必植基于自然科学；而理科学者最后的假定，亦往往牵涉哲学。从前心理学附入哲学，而现在用实验法，应列入理科；教育学与美学，也渐用实验法，有同一趋势。地理学的人文方面，应属文科，而地质地文等方面属理科。历史学自有史以来，属文科，而推源于地质学的冰期与宇宙生成论，则属理科。"② 北京大学正是在这一理念的指引下于 1919 年废除科，改

---

① 欧阳霞. 通识教育在我国大学的地位变化问题［D］. 长沙：湖南师范大学，2011.
② 蔡元培. 我在北京大学的经历［J］. 东方杂志，1934.34（1）.

原隶属于科的学门为系，设立了 14 个系。蔡元培这种强调文理贯通的综合知识的理念，对于今天的教育改革也有着深远的影响。

梅贻琦于 1931 年 12 月就任清华大学校长，他任职期间，因其先进的教育思想和卓有成效的教育实践，创造出了清华校史上的黄金时代。[①] 他所著的《大学一解》一书集中阐述了他的通才教育思想。他明确提出大学的目标应是造就通才，专才的培养可以由大学之研究院、高级之专门学校和社会事业本身之训练来解决，二者并不冲突。

在同一时期竺可桢、潘光旦、朱光潜等教育家也提出了各自关于通才教育的观点并付诸实践，有力地促进了通识教育在我国大学中的发展。

二、我国大学通识教育的停滞发展阶段（1949—1978 年）

1949 年后，我国的高等教育从通才教育开始转向专才教育，在其之后相当长的一段时间里，专才教育的体制不断加重，专业教育在这个时期得到了大力的发展，而通识教育发展进入了停滞发展阶段。

1952 年至 1957 年，我国基本参照苏联高等学校办学方法设置专业，通才教育开始向专才教育转变。通过学习苏联的经验，1952 年 6 月至 9 月我国政府对全国高等学校的院系进行了大规模的调整，接受调整的学校数占当时我国高等学校总数的四分之三。此次院系调

---

① 冯惠敏. 梅贻琦的通识教育观及其对当代教育的启示 [J]. 黑龙江高教研究，2003 (4)：17 - 19.

整以大力发展独立建制的工科院校为目标，大力整顿了综合大学，发展了许多专门学校。经过调整，全国高等学校的数量由 1952 年之前的 211 所下降为 1953 年的 184 所。① 在这个时期，院系调整的重要方面在于有步骤地确定每个高等学校所设的专业，使各个学校有明确的任务，集中力量培养国家建设所需的专才。通过一系列的调整和改造，通识教育基本上退出了历史舞台，我国高等教育走上了专业化教育发展的道路。

1958 年至 1965 年，专业教育继续发展。其中 1958 年至 1960 年专业数量急剧增加，专业口径越分越窄。1966 年至 1976 年，我国高等教育由于"文化大革命"而遭到了灭顶之灾，高等学校的专业受到了极大的摧残。虽然当时仍有少数学校进行招生，但招生对象仅限于生产劳动一线的工农兵学员。在教学上也是强调专业需要什么，基础课就学什么，高等教育的发展受到了极大的限制。

三、我国大学通识教育的恢复和发展阶段（1979 年至今）

从 1949 年后到改革开放前，我国在高等教育发展上照搬苏联模式，过度的专业化带来了一系列的问题，不仅造成了所培养人才的综合素质不高，而且由于各高校注重理工类专业的发展，忽视了政法、财经等专业的教育，从而阻碍了社会的全面进步。同时专业教育也助长了功利主义的发展，以上这些问题都严重阻碍了我国高等教育的发展。为了解决以上问题，我国政府采取了一些措施。

---

① 曲士培. 中国大学教育发展史［M］. 北京：北京大学出版社，2006：431.

（一）进行专业化教育改革，通识教育恢复阶段（1978—1995 年）

在通识教育的恢复与重建阶段，首先面临的就是对专业化的教育进行改革。在这一阶段，对过分专业化教育的改革主要体现在以下两个方面。第一方面是对学科结构进行调整。1978 年教育部发布《关于做好高等学校专业设置和改进改造的意见》，提出了新时期高等学校专业设置与改造的三点原则。1984 年开始，教育部组织对专业目录进行修订，到 1987 年底，修订工作基本完成，通过此次修订，我国大学的专业口径得到了拓宽，专业名称得到了规范。专业种类数由 1980 年的 1039 个减到 1988 年的 870 个，其中工科调整的最多，文科专业则有一定数量的增加。① 此后数年间，我国对本科专业总数又进行了一定的调整，1993 年调整后的本科专业总数为 504 种，1998 年调整为 249 种，专业的全面性得到了拓展。第二方面是人才培养目标的转变，通才教育重新得到重视。随着改革开放的不断深入，越来越多的学者认识到专业教育的弊端，其中首要的弊端就是所培养的人才不能适应现代经济发展的需要，专业的局限性与现代经济的整体性不适应，这时国家又重新意识到了通才教育的重要性，通过一系列的政策文本调整了人才的培养目标——着力培养社会所需的应用型、复合型人才，强调学生的知识、能力、素质的全面发展，并开始在大学逐步恢复通识教育。

（二）文化素质教育的提出和推广阶段（1995—2000 年）

1949 年后，由于过窄的专业、过于严重的学科分割、过强的功利主义，我国高等教育培养出来的人才的整体素质不高，多数学者

---

① 林惠菁. 高等学校学科专业结构调整研究［D］. 厦门：厦门大学，2006：88.

认为造成这一现象的主要原因是我国高等教育错过了两次重要的发展机遇。第一次是 19 世纪末 20 世纪初，西方国家从发展人文教育转向发展科学教育的时候，我国却处于停滞状态，迟迟没有起步，导致了当时中国的科技和文化落后于世界。第二次是 20 世纪中叶，当西方发达国家同时兼顾发展科学教育和人文教育的时候，我国的高等教育却在效仿苏联模式大力发展专业教育，再次错过了与世界领先水平接轨的机会。随着时代的变迁，我国的教育界意识到素质教育的重要性，大学素质教育就是在这样的背景下应运而生。我国大学所开展的文化素质教育在作者看来与通识教育有异曲同工之妙，概念不同，但目的一致，都强调以人为本，培养人格健全、全面和谐发展的完整之人。可以说文化素质教育是具有中国特色的通识教育。

1995 年，时任教育部高教司司长周远清在《加强文化素质教育，提高高等教育质量》一文中提出了"大学文化素质教育是我们这几年面向 21 世纪教学改革的重要思考"，拉开了我国高校文化素质教育的序幕。同年文化素质教育在部分高校开始试点；1998 年，教育部颁布了《关于加强大学生文化素质教育的若干意见》，进一步明确了文化素质教育的一些原则性问题，强调了文化素质教育的紧迫性与重要性；1999 年国务院颁布《关于深化教育改革，全面推进素质教育的决定》，将素质教育推向了一个崭新的高度。同时，自 1995 年以来，教育部分两批，先后设立了 157 所"大学生文化素质教育试点院校"，批准建立了 93 个"国家大学生文化素质教育基地"，有力地推动了我国高校文化素质教育和通识教育实践的发展。

（三）通识教育升温和发展阶段（2000—2010 年）

伴随着大学文化素质教育的不断发展，关于我国大学通识教育本土化的实践也在不断推进。各高校自 2000 年开始自发地进行了通识教育的实践探索。于 2000 年 5 月成立的浙江大学竺可桢学院，重在探索面向优秀本科生的人才培养模式。2001 年 9 月，北京大学启动了"元培计划"旨在培养拔尖创新人才。2003 年秋，哈尔滨工业大学面向全校本科一年级学生，成立"基础学部"以开启对大一新生的通识教育。清华大学、武汉大学、上海交通大学等提出了本科教育实施"通识教育基础上的宽口径专业教育"人才培养模式。2005 年 9 月，复旦大学成立复旦学院，面向全校本科一年级学生开展通识教育。2009 年中山大学挂牌成立博雅学院，30 多名学生在本科阶段深入研习西方传统文明和经典著作。这一时期，通识教育的影响不断扩大，很多大学自发参与到通识教育的实践中，以思想政治教育和人文教育为核心，以第二、第三课堂为依托，大力推进通识教育的发展①。

（四）通识教育深化和提高阶段（2010 年至今）

2010 年颁发的《国家中长期教育改革和发展规划纲要（2010—2020）年》首次把素质教育上升到了教育改革发展战略主题的高度，指出："坚持以人为本、全面实施素质教育是中国教育改革发展的战略主题，是贯彻党的教育方针的时代要求，其核心是解决好培养什么人、怎样培养人的重大问题。"事实上，随着教育改革的不断深

---

① 王洪才，解德渤. 中国通识教育 20 年：进展、困境与出路［J］. 厦门大学学报（哲学社会科学版），2015（6）：21－24.

入，实施了一二十年的大学文化素质教育也开始由表及里进行改革，开始涉及人才培养模式和高校管理体制改革等深层次问题。① 各高校在通识教育的实践过程中也遇到了一系列的问题。如北京大学通识教育课程的内容偏向专业化，加上修习方式的自由度较大，无法保证通识教育课程的效果。② 复旦大学则遇到了通识教育人才培养模式的"双轨制"冲突，同时在转变专业教育模式上也存在一定的困难。③ 南京大学则在通识教育本土化课程设置以及通识教育课程与专业课程设置的比例上存在一定的问题。④ 究其原因，在于我国的大学教育深深铭刻了专业教育的印记，同时通识教育作为一种舶来品缺乏本土化的指导纲领和相应的制度保障。目前，我国高校人才培养模式改革开始进入深水区，文化素质教育的进一步深化和提升定会触及本科教育理念、人才培养模式的综合改革，也终将引发大学组织结构、管理体制等更深层次的变革。

2011 年，中国高等教育学会大学素质教育研究会成立，作为全国首个大学素质教育学术研究与交流组织，对于深入开展素质教育重大理论和实践问题的研究探索，推动素质教育的深化和提高无疑将产生重大的影响。再加上 21 世纪世界各国的竞争是人才的竞争，培养高素质创新人才的任务更加紧迫，素质教育和通识教育需要从

① 庞海芍，郇秀红. 中国高校通识教育：回顾与展望 [J]. 高校教育管理，2016 (1)：14 – 15.

② 李曼丽. 北京大学通识教育的现状与分析 [J]. 中国高等教育评估，2002 (02)：49 – 53.

③ 陈向明. 大学本科通识教育实践研究 [J]. 大学研究与评价，2008 (4)：81 – 88.

④ 施林森. 国内一流大学通识教育课程本土化初期的问题与对策：基于南京大学的个案分析 [J]. 福建师范大学学报（哲学社会科学版），2016 (5)：151 – 156.

理论和实践两方面进行深入研究和探索。

第二节　我国大学通识教育发展的现状

通识教育作为高等教育的重要组成部分，在健全学生的人格、拓宽学生的思维宽度以及自由的品行等方面都发挥着巨大的作用。通过通识教育，可以使学生有能力去应对社会中那些专业领域之外的挑战。随着我国社会经济的不断发展，劳动力市场对于从业者的素质的要求也越来越高，而通识教育在提高人的全面素质方面发挥着不可替代的作用，通识教育的开展是符合现阶段我国社会经济发展的要求的。

通识教育起源于西方，在我国来说起步较晚，我国通识教育发展的一个里程碑式的文件是 1998 年教育部印发的《关于加强大学生文化素质教育的若干意见》。在这一文件颁布之后，一些高校开始成立文化素质教育基地来开展文化素质教育。经过近二十年的发展，我国大学通识教育从头开始摸索，在借鉴国外先进的通识教育模式的基础之上形成了有自己特色的通识教育模式，在培养符合社会经济发展要求的高素质的高校毕业生方面做出了巨大的贡献，但同时我们也应看到由于起步晚等原因，我国大学通识教育还是存在着许多问题。本节将从以下几个方面对我国大学通识教育发展的现状加以介绍。

一、我国大学通识教育的基本模式

由于我国大学通识教育起步较晚，且各个学校在诸如生源质量、师资力量、管理模式等方面都有自己特点，因此尚未形成一个普遍适用于我国大学的通识教育模式，各个学校都是在结合本校特点的基础上开展通识教育，其中有代表性的为以下几种通识教育模式。

（一）北京大学的元培学院模式

2007 年 9 月 6 日，作为一个独立建制院系的元培学院正式成立。元培学院在办学理念上区别于传统的本科生培养模式，并不是进行所谓的精英教育，而是希望为学生的进一步教育做准备、打基础。在招生环节，元培学院按照文理两大类进行招生，学生在入学的时候并不要求一开始就选择要攻读的专业，低年级主要进行通识课程的学习，原则上元培学院的学生可以自由选择专业。在学生的培养方面，元培学院实行导师制，聘请的导师都是各个院系有丰富教学经验以及学术造诣的资深教授，通过讲座以及研讨等教学形式对学生的选课、专业的选择等进行指导。实行的是学分制以及弹性学制，元培学院容许学生在 3—6 年内完成学业，学生在导师以及教学培养计划的指导下进行选课，修满规定的学分后即可毕业。

（二）中山大学模式

中山大学在本科生招生时按照传统的专业划分来招生，本科学生入学后会有一个遴选，选择一部分同学进入中山大学博雅学院接受特殊的通识教育。中山大学在校内设立了通识教育指导委员会以及通识教育部，将原来学校内的公选课进行修改，通过一系列的选择最终开设通识教育共同核心课，本科生在接受各自专业课程教育的同时，还要选修一定数量的通识教育共同核心课。

（三）复旦大学、浙江大学模式

这两所学校在本科招生时按照大类进行招生，学生入校后不会区分具体的专业，本科生入学后由本科学院进行统一的管理，进行通识教育的学习。在本科生入学一年或一年半以后根据学生以及各个学院的选择将学生分到各个院系的不同专业去接受各自的专业教育。

就目前我国大学通识教育的现状来看，以上三种模式是最具代表性的，但需要特别指出的是，由于我国大学通识教育起步较晚，大学通识教育还处在探索之中，这三种通识教育模式并不是一成不变的，也不是已经发展成熟的。

二、我国大学通识教育的课程设置

（一）我国大学在开展通识教育时，基本上都要对通识课程进行分类

我国大学在通识课程的设置方面大多进行了分类。比如中山大学博雅学院将通识课程分为经典学习、古典语言、古典研究、现代人文与社会科学研究以及艺术修养这五个部分。复旦大学则将通识课程分为文史经典与文化传承、哲学智慧与批判性思维、文明对话与世界视野等六大板块。纵观这些已被分类的通识教育课程，基本上都是由学校原来的公选课改造而来的。这样分类的好处是给学生

提供了多种课程选择余地，加强学生全面素质的培养，有利于学生在专业教育之外拓宽视野、增长知识，但是这种设置方式也带来了一些问题，例如这些被分类的课程是不是构成了一套完整的通识教育课程体系？在这一体系中是不是有一个课程核心？这些通识教育课程在学生的课程培养中占据着什么地位？这些分类课程的课程量是不是偏小？这几个问题在通识课程的分类设置中应当给予优先考虑，从这几个方面来衡量我国目前的通识教育，可以发现当前的分类通识教育课程并没有达到通识教育的预期目标。

（二）高校的通识教育课程中基本都开设文明文化类课程，尤其是关于中国传统文化的课程

从通识教育的目的来说，它主要是为了培养一个人完整的人格、同时传承社会文明、凝聚社会共识。在这些目标的指导下，文明文化类课程的设置是必要的。这类课程的开展主要有两种方式：一是面向全校全体学生开放，主要采取大班教学方式。为了保证课程质量，这种课程在大班教学的基础之上辅助以小班研讨。二是开设各种文史哲类专题课程。这类课程的教授不适合大班教学，为了使课程的深度和质量有所保障，这类课程基本上采取小班研讨的方式进行。通过深度研讨来使学生有所收获。

（三）在课程体系的设计上特别注重对经典著作的阅读

通识教育区别于专业教育的一个显著特点是通识教育并不只将目光聚集在学生专业技能的培养，而是同时兼顾学生人格的健全、视野的拓宽以及思考能力的加强。因此经典阅读课程被视为通识教育最核心的部分。在我国大学目前的通识教育课程中，普遍开设经

典阅读课程。经典阅读课程的开设成本较高，且最适合小班研讨的教学方式，这就决定了学校对于经典阅读课程的开设只能在小范围内进行，如果想要推广到全校只能是以选修课的方式进行。

（四）通识教育课程的设计只能在现有培养方案下进行

我国高校在 1952 年的院系调整之后实行的是"专业教育"模式，高校的招生也是按照文理分类来进行的。目前我国大学通识教育课程的设置只能在现有的专业培养方案下进行，通识教育课程在设置上更多的是作为专业教育的补充部分，并没有将通识教育放在与高校的专业教育同等重要的位置，通识教育类课程的设置基本上从属于专业教育课程，这使得通识教育发挥的作用大打折扣。

三、我国大学通识教育的师资队伍建设

1952 年我国高等教育进行了院系调整，这一调整将许多综合性大学拆分成了一个个的专业院校，大学通识教育因此衰落。这种调整有其优点，比如为我国当时的社会主义经济建设培养了大量优秀的专业人才，为我国经济的快速恢复与高速发展做出了一定的贡献。但是在改革开放以后，尤其是在 2001 年我国加入世界贸易组织后，随着我国与世界各国联系的日益紧密，更深程度地参与到世界经济、文化以及科技等方面的竞争后，这种只注重培养专业人才的高等教育培养模式便显露出其弊端。现阶段高层次的有创造力的综合性人才是我国社会经济发展迫切需要的。通识教育在培养这一类型的人才方面发挥着重要的作用。一支高素质的、对通识教育理念以及实践有着良好理解以及富有激情的教师队伍也是不可或缺的。受制于

我国的高等教育体制，大部分高校教师将精力放在了自身专业素质、科研能力的提高上，而对于通识教育投入的精力明显不足，这就导致了在我国的高校能够开设通识教育课程的专业教师人数严重匮乏。虽然现阶段我国高校已逐步认识到这一问题并且采取各种措施去解决，但是从我国现阶段的通识教育的发展状况来看，通识教育相关师资力量严重不足的问题在短期内并不能完全解决。

四、现阶段我国大学通识教育存在的问题

现阶段我国大学通识教育存在如下一些问题。

（一）对于通识教育认识不深刻，目标定位不明确

如前所述，在经过 1952 年我国高校院系调整后，高等教育目标更多的是在培养技术型人才方面，虽然各个高校在对学生的培养中对于通识教育都有所涉及，对于通识课程也有一些学分的要求，但是在实际的操作过程中，并没有真正意识到通识教育在现代大学教育中所发挥的巨大作用，对于通识教育的认识并不深刻，目标定位也不明确。没有把通识教育放在与专业教育同等重要的位置。大部分高校理解的通识教育是将其视为专业教育的补充，认为通识教育是让学生对于专业领域以外的知识有一些了解即可。这一问题导致的后果就是通识教育在我国高等教育中的重要性被严重忽视，使通识教育在培养人的健全人格、提高人的全面素质方面的作用得不到有效发挥。

（二）通识教育课程设置不合理，课程内容缺乏系统性

目前我国高校的通识教育课程设置大多分类、分版块进行。在

课程的设置中多偏重于自然科学、艺术、计算机等学科，而语言类、人文社科类课程设置较少。并且通识课程大多安排在公共课以及选修课之中，专业课较多而通识课程较少。由于专业课以及选修课学分等原因，导致学生能选择的通识教育课程偏少，实际操作中学生为了学分以及绩点等因素考虑更倾向于选择那些容易拿到学分的通识教育课程。

（三）通识教育教学方式与教学过程单一

目前我国高校的通识教育课程大多采用传统的课堂教学方式，并以大班教学授课的形式为主。老师讲，学生听，教学方式单一，教学过程比较呆板，教学效果不佳。最后的考核大多采取开卷考试或以论文结课的方式，以考核成绩来衡量学生的课程学习效果，这种教学模式与通识教育所希望达到的目标大相径庭。

（四）通识教育管理混乱，没有明确的制度保障

在通识教育的实施管理上，很多高校并没有专门的组织机构以及工作人员进行管理，通识课程的设置具有随意性，在通识教育的教学管理和考核方面没有像专业课和基础课那样严格要求。

总之，我国的通识教育虽然起步较晚，但是在我国的高等教育中发展迅速并取得了一定的进步，在通识教育的作用下我国高等教育由以前的注重技术型人才即"制器"培养向培养有健全人格的复合型人才的"育人"培养转变。但是同时我们也应该清楚地认识到现阶段我国的大学通识教育还处于起步探索阶段，存在着许多的问题与不足，因此推进通识教育，解决我国大学目前通识教育存在的问题是一项系统工程，需要多方面的共同努力。

第三节　北京大学通识教育发展的现状与特点

北京大学创办于 1898 年，初名京师大学堂，是近代以来中国高等教育的奠基者。1919 年北京大学在蔡元培强调文理贯通、综合知识的教育理念的指导下于 1919 年废除科，改隶属于科的学门为系，设立了 14 个系，成为中国大学通识教育理念最初的实践。经过 100 多年的发展历程，北京大学在通识教育领域取得了一定的成绩。本节对北京大学通识课程的发展现状与特点加以梳理与分析。

一、北京大学通识课程开设的整体情况

2000 年 9 月，北京大学《关于设置本科生素质教育通选课的通知》（校发〔2000〕123 号）提出为了深化本科教学改革，推进素质教育，提高该校本科人才培养质量，学校决定从 2000 年 9 月开始在全校开设本科生素质教育通选课，通选课的目的在于"打破专业和学科壁垒，力求把单科化的专才教育转变为整体化的通识教育，在本科教育中建立以素质教育为取向的跨学科通选课体系，在最基本的知识领域为学生提供多学科交叉综合的精品课程，让学生广泛涉猎不同的学科领域，拓宽知识基础"，通选课程重在启发思想，培养学生自主学习的能力①。

目前距北京大学开设通识教育课程已近 20 年。在这 20 年的发

---

① 李曼丽. 通识教育：一种大学教育观［M］. 北京：清华大学出版社，1999：17.

展过程中，北京大学不断完善通识课程的类目、内容，提高其通识教育的教育水平。通选课由少到多，逐步稳定。总共开设通选课达270余门，每学期开学时共有120余门各类课程，在上万名本科生中掀起选课热潮。通选课已经成为北大本科教学与课程体系中的一个重要组成部分。

北大基本采取"沟通论"的观点，将通选课划分为5个领域：数学与自然科学、社会科学、哲学、历史学、语言文学与艺术。2009年后又增加"可持续发展科学"的领域，试图为学生提供一种多学科交叉、互相沟通的大平台，使学生能了解不同学术领域的基本概念、研究方法和主要思路，受到科学精神与人文精神的陶冶。

二、北京大学通识课程开设的分类情况

随着理念的探讨与实践的深入，2015年秋季学期，北京大学教务部推出4大分类：中国文明及其传统、西方文明及其传统、现代社会及其问题、人文艺术与自然等四大板块共13门通识教育核心课程。具体如下。

中国文明及其传统：中国传统官僚政治制度、中国古代史（上）、孔子与老子。

西方文明及其传统：西方政治思想（古代）、欧洲文学选读（英文授课）、圣经释读（英文授课）。

现代社会及其问题：经济学原理、伊斯兰教与现代世界。

人文艺术与自然：文学人文经典（近现代）、大学国文、艺术史

（历史学系朱青生）、西方美术史；化学与社会。①

北大多年来开设的通选课，若从题材形态上划分，大致有以下几类。

第一，原理、概念类。主要阐述一类学科或一个领域的基本概念与原理。这类课程比较重要，理论性、综述性较强，有利于学生开阔视野，夯实基础，沟通文理，促进跨学科的思考，学习科学思维方法，锻炼理论思维的能力。并且有利于启发学生的兴趣与天赋，重新考虑专业的选择。如"哲学概论""美学原理""汉语和汉语研究""艺术概论""小说的艺术""心理学概论""经济学原理""法律导论""数学的精神、方法与应用""生物进化论""普通生物学（B）"等，都是在全校颇受欢迎，选修率很高的课程。北大由于学科比较齐全，这类课程容易由各院、系的必修课，经过一定的提炼、调整，转化而成。因此，课源比较丰富，师资条件有优势。

第二，通史、专史类。这一类课程一般有世界史或断代史，也有不同国家、民族、地域、学科的通史或专史。与前一类课程相配合，也占有相当的比重和地位。这类课程如果史料丰富、确凿，而又提炼精当，正确地总结历史和理论的经验教训，有利于培养学生的时代感、历史感和民族认同感，也有利于培养人文情怀和实事求是的学风。这类课程目前大都属于人文学科，如"中国现代文学史研究""艺术史""中国电影史""中国美学史""中国古代物质文化史""二十世纪世界史""中国哲学史""中国文化史""西方哲学史""西方美术史十五讲""印度佛教史"等，也有少量自然科学

---

① 北京大学. 北京大学课程［EB/OL］. 北京大学官网，2016 - 10 - 29.

方面的课程，如"科学通史""古今数学思想"等，都很受学生的欢迎，普遍引发兴趣。课源也比较丰富，师资力量较强。今后理工科和社会科学也将适当建设这方面的课程。

第三，原著、名著类。忽视经典原著的直接阅读，是我国当代教育领域和教学领域的一大通病。学生为了应付考试、完成学分，往往忙于读教材、看讲义，至于完整地攻读原著，则存在教师不引导，学生不主动的问题。而这些原著、名著，都是经过时间洗礼和历史检验的人类精神文明的成果，是各民族文化的源头、学者治学探究的依据。直接攻读原著，可以体悟时代转折的重大问题，并且可从原著中领悟先贤、大师的精神风采，增进人文与科学的素养。能把一批原著读懂、读熟、读出自己的见解、体会，是文科学生的一种基本功训练，是在学术上登堂入室的必经之路。这类课程确是通选课中迫切需要重视的部分，也是许多学生乐于选修的课程。如"外国名著选读""人文经典选读""《论语》、《孟子》导读""老庄哲学"等。这类课程目前还只限于人文学科的部分领域，为数不多，难以满足学生的需求。由于长期被忽视，目前真正能开设原著讲解和导读的教师已经很少。从长计议，认真对待，努力建设这方面的课程十分必要，这对教师自身发展也是有推动作用。

第四，专项、专题类。这类课程多是关于科学、社会、人生特定领域或重大问题的研究，较能反映教师的研究成果。课程的内容比较富于时代感和现实感，或者有益于终身发展。学生可从中了解特定的研究进程和特殊科学的思维方法，对分析和研究现实生活中重大问题有特殊意义。如"自然科学中的混沌与分形""人类的性、生育与健康""中国历史重要问题评析""艺术与人生""鲁迅小说研究""西方文化通论""埃及学通论""印度社会与文化""民族与社会""民俗学""中国经济专题"等，其中一些课一直成为学生踊跃选修的热门课。

第五，音乐、艺术类。加强美育，实现德、智、体、美相结合，到知、情、意的统一，培养健全的人格，是蔡元培的一贯主张。开设多种形式的音乐、艺术赏析课，是加强美育的重要课目，是通识教育不可缺少的方面，如"西方音乐史及名曲欣赏""中国美术史及名作欣赏""基本乐理与管弦乐基础""影视鉴赏""中国书法及名作欣赏""山水成因赏析""中国传统建筑""现当代建筑赏析"等，都颇受学生欢迎。但有人认为，含有"赏析"二字，似乎难登通识教育的大雅之堂。其实音乐、艺术的赏析，不单是对文化的消遣，更是对审美的情趣与能力的提高，在艺术美的意境中体会人生的意义与价值，促进科学思维，激发创造活力，是有利于创新人才培养的有效手段和方式。只是这类课程需要增强美学和人文的内蕴。

从北大十年来的通选课来看，教师在认真投入，学生也在积极选修，教师课堂内容舒展，学生学习态度也较为主动。通选课已经成为北大本科教学与课程体系中的一个重要组成部分，是贯彻通识教育的一项重大举措。但是，通选课的数量在理工科与文科之间、新老院系之间很不均衡，且通选课的质量参差不齐。从质量、效果上看，大致可以分为优秀、良好、较差三类。有些课从内容到方法都符合通选课要求，教学质量突出，成效显著，引发了学生较浓厚的兴趣，受到学生的普遍欢迎，比较充分地调动了学生的主动性，可以列为优秀课程一类，约占30%，这类课程应列为基本课目，作为"保留节目"稳定下来，每年滚动开设，并安排接替教师，保证其能够长期开设下去。有些课程基本符合通选课要求，基本概念与观点的表述清晰，运用材料、信息较为充分，分析、讲解对学生有启发，运用教学环节或使用多媒体效果较好，得到大多数学生的肯定，可列为良好课程的，约占50%，这类课程尚有改进和提高的余地。但有的课程内容比较浮泛或偏窄偏专，有的属科普知识，讲解的理论性不够充分或材料、信息欠缺，不能引发学生兴趣，课堂气氛比较沉闷，属较差的课程，约占20%，这类课程影响学生的学习效率和学习情绪，应改弦更张，大力革新或考虑做适当调整。

三、北京大学通识课程的管理与生成机制

通选课程具有严格的申报流程，学校会组织专家对申报的课程进行严格的审核和筛选；并可以获得特殊的课程资助，对新开设的通选课程每学期给予2000元资助，已开设的为1000元。[①] 通识课程的管理与全校公共必修课的管理方式有相同之处，由学校统一管理，同时由各开课院系具体负责。学生通选课考试不及格的，可以交费重新学习该课程。学校要求教师对于学生采取综合评价，以平时上课参与、讨论、作业等作为评价依据。

无论是蔡元培时期的通识教育改革，还是现在北大的通选课程，都是以西方国家大学为蓝本，以改革专业化教育的弊端为目的，特

---

① 陈向明. 大学通识教育模式的探索——以北京大学元培计划为例［M］. 北京：教育科学出版社，2008：103 – 150.

别是通选课的设置是在国家要求纠正过分专业化、推行文化素质教育的背景下提出的，本身就是从专业化的培养目标改革而来，其生成机制本身就带有专业化，可能限制其进一步发展。① 北大的通选课程一开始是由各院系推出的若干门能够代表其学科水平的专业基础课，通过降低课程要求后作为通选课，经过不断的改革，在课程内容上已经注重不同学科之间的融合与交叉，但仍存在贴上"通选课"标签的专业基础课的问题。

四、北京大学通识教育的特点

总体来看，北京大学的通识教育具有如下一些特点。第一，从教学内容上看，它是为拓宽基础、沟通文理，为科学精神与人文精神的陶冶而设置，要让学生更多地了解一些学科的基本概念与思维方法，使学生从与相关学科的联系、比较中更好地理解和研究自己所学的专业，并且便于结合个人的志趣、天赋与能力，重新思考和选择自己的专业。因此，通选课既不同于比较专门的专业课，也不是通俗的科普讲座，或因人而设、随教师专长或兴趣而开的一般公选课，就是说，它有特定的专业性，而又不能专业性太强，它只是为专业学习铺垫一般的基础，而这种基础也应夯实一点，又不能流于浅表。在阐述某一学科（一般指一、二级学科）的基本理论和知识的同时，要特别注重科学思维方法的训练，融汇科学精神与人文精神的陶冶。

---

① 李志艳. 哈佛大学核心课程与北京大学通选课比较研究［D］. 长春：东北师范大学，2006.

　　第二，从教学方法上看，由于通选课学时较少，不容全面展开，就更要注重少而精，主要把最基本的东西讲得很清晰。应当把握要领，突出重点，着重于思路、方法的引导，加强问题意识和启发性，尽力发挥学生的主体性。那种平铺直叙、面面俱到、满堂灌的讲课方式特别不适宜于通选课。

　　第三，从教学效果上看，通选课一般人数多，课堂大。课堂讨论难于组织，课堂秩序不易维持。在注重讲课的科学性、严谨性的同时，还应适当注重生动性和趣味性。灵活调动教学环节，恰当使用多媒体，让学科的魅力和讲课的艺术把绝大多数学生吸引到教师的重点阐述上，使学生与教师共同思考，并向教师质疑，与教师商讨，发挥教学相长的作用。由于一般每周只上一次课，教师也需要充分备课，甚至有志于精雕细琢、锤炼精品，可以为学生的专业选择提供一个良好的契机，为学生的专业深造铺垫一种良好的基础。

　　总之，通选课可以成为学生开阔视野、生长智慧的大课堂，也可以成为教师检验水平、锻炼队伍的大讲堂。

第四节　北京航空航天大学通识教育发展的现状与特点

　　北京航空航天大学成立于 1952 年，由当时的清华大学、北洋大学、厦门大学和四川大学等八所院校的航空系合并而成，是新中国第一所航空航天高等学府。现在的北京航空航天大学作为国内一流的研究型大学，肩负着高水平人才培养和基础性、前瞻性、高技术性的历史使命，始终把追求卓越作为办学宗旨，以培养具有强烈爱国情怀、拔尖创新人才为己任。值得注意的是北京航空航天大学大学作为专业特色高校，在通识教育领域取得了一定的成绩，本节将详细介绍北京航空航天大学通识教育的现状与特点。

一、北京航空航天大学对通识教育的阐释

《北京航空航天大学通识教育白皮书》对通识教育的理解可以概括为"从知识传授到人的培养"，也就是说，通识教育不是简单知识的堆砌，而是将这些知识转化为人的实际行动，这才是通识教育的最终目的。可以从两个方面加以理解。第一，在信息化和网络化时代，课堂上面对面的教学已逐渐失去了原本的价值，学生运用互联网就可以获取大量的信息，远远超过了课堂上有限的知识教学。第二，在知识获取越来越便利的同时，多种信息并存，这在很大程度上影响学生的长远发展。通识教育要想培养优秀人才，简单的知识获取是不行的，应该转向人格的养成和能力的培养，这才是通识教育要达到的目的。

二、北京航空航天大学通识教育的现状

北京航空航天大学作为"985""211"重点院校，一直把培养拔尖创新人才摆在首位，注重人的培养和能力的培养。作为理工科院校，北航的文科是弱势，所以就通过建立人文社科高等研究院来搞小而精的通识教育。北京航空航天大学的通识教育模式在国内排在前列，但由于缺乏思想和理论上的创新，探索还是局限在核心课

程的设置上。北京航空航天大学的通识教育旨在落实学校"强化基础、突出实践、重在素质、面向创新"的本科人才培养方针，服务于培养拔尖创新人才的战略目标。① 北京航空航天大学通识教育的发展主要经历了三个阶段。

（一）北京航空航天大学通识教育发展的历程

1. 通识教育的试点阶段

北京航空航天大学人文与社会科学高等研究院在通识教育领域进行了开创性的试验。2010 年，在知行文科实验班开展通识教育，致力于北航精英文科人才培养。它历时最长、经验最丰富、代表性最强，是北航通识教育的"原型机"。知行文科试验班的通识教育贯穿本科四年，并逐步探索出一套以经典研读为核心的通识教育课程体系，主要教育经验在于：一是小班教学，老师和学生围坐在一起讲授教学，方便师生之间互动；二是强调对经典的阅读，包括古今中外的经典著作，老师根据大纲指定书目，让学生直接接触一手资料；三是每门课都要求学生写作业、做报告，老师当场点评，一方面可以提高学习效率，另一方面能够提升学生写作和口头表达的能力；四是注重启发式教学以及评判性思维的培养，鼓励学生对老师的观点提出挑战，并提出自己独特的观点和看法。② 2012 年随着文科大类招生改革，通识教育普及到全部文科学生，建立了中国文明文化史、西方文明文化史、艺术史与现代艺术、中国经典研读、西

---

① 北京航空航天大学通识教育课程建设委员会. 北京航空航天大学通识教育白皮书[M]. 北京：北京大学出版社，2015：3.

② 高全喜. 北京航空航天大学通识教育白皮书：通识教育与北航实践[M]. 北京：北京大学出版社，2015：65.

方经典研读五门通识核心必修课程。

2. 通识教育的深化阶段

北航作为一所理工科院校，文科相对薄弱是它的"短板"，为了整合文科资源、落实精品文科战略，从 2011 年，北航设立了"社会科学试验班"，打破以前严格的专业区分，首次实行大类招生，考生报考时不分专业，录取后统一进入"社会科学试验班"接受通识教育。北航的通识教育，特别是文科的通识教育，无论从课程建设到师资队伍，还是教学方式方法方面，都得到了老师和学生的一致认可。从第四年开始，在北航文科通识教育形成一套完善的体系后，通识教育的范围就开始向理工科扩展，像计算机学院、仪器工程学院等也率先意识到通识教育的必要性和重要性，纷纷加入通识教育的改革过程中，从而使得北航的通识教育不仅在文科学院开展，而且逐步向理工科学院扩展。2012 年学校通过《人才白皮书》暨"长城行动计划"，将"构建通识课程体系，实现通识基础的专业教育"作为十项基础性工作之一，从而将通识教育的范围扩大到全校学生。①

3. 通识教育的推广阶段

2013 年学校成立通识课程建设委员会，全面负责全校通识课程建设，并起草了《北京航空航天大学通识教育白皮书》。北航的通识教育形成了"公共课、通识课、专业课"三级课程体系，将通识教育的核心课程定位为本科生教育的校级核心课程，学生可以在一定

---

① 翟志勇. 北京航空航天大学通识教育白皮书：关于北航通识教育的思考［M］. 北京：北京大学出版社，2015：85.

程度上自主选择但必须完成一定学分的核心必修课。目前，北航的通识教育课程体系主要分为四大板块，"经典研读""人文素养""社会科学"和"科技文明"。核心必修课程包括中国文明文化史、西方文明文化史、艺术史与现代艺术、中国经典研读和西方经典研读五门。北航的通识教育以知行文科试验班的通识教育经验样本与方法体系为原型，结合社会科学实验班以及理工科学院的实际情况，加以调整与修正，最终形成一整套系统化、理论化、适合理工科大学借鉴和推广的通识教育模式。

（二）北京航空航天大学通识教育发展的困境

1. 人文社科类教师缺乏

北京航空航天大学作为一所理工科院校，缺乏人文社科类教师这一不足较为突出。为了弥补这一不足，在师资配备上，实验班开设的所有核心课基本上都是聘请校外的知名教师。除此之外，北航还设置了助理教授制度，负责和学生一起上课、批改作业和组织讨论，助教跟着外聘教授上课，一边学习、一边辅导，时间长了就会为北航培养出一批非常优秀的青年老师。北航的这一模式既是在培养学生，同时也是在培养老师。随着学校招生规模的不断扩大，小班教学的方式也给通识教育课程的开展提出了挑战。在这种情况下，北航的做法是控制规模、简化体系。目前，北航的通识教育课程体系主要分为四大板块，"经典研读""人文素养""社会科学"和"科技文明"。这样设置可以在最低限度上让学生在文史、社科、理工三大学科方向上选修通识教育课。学校在三大学科基础之上又开设了一类跨学科的课程，即"经典研读"，打破学生所学专业限制，开阔学生视野，培养学生与人类历史上那些伟大的心灵形成直接对话的能力，帮助学生领悟经典名著，使学生逐渐形成对人类社会共同面对的某些重大问题的认识和理解。①

2. 课程数量过多

目前对通识教育有这样一种误解，认为通识教育是主课之外的辅助课程，这就造成国内学校片面追求通识教育的数量。和国外通识教育发展好的大学相比，国内大学的课程设置过多，北京航空航天大学也不例外。翟志勇副院长提到，从 2014 年春季学期开始，将陆续开设大批面向全校理工科学生的通识教育课程，在已建设完成 32 门和正在建设 45 门通识教育课程的基础上，未来全校通识教育课程开设数量力争将达到 200 门。但其实通识教育的好坏不在于课程的数量，关键要看课程的教学要求和教学质量。② 真正的通识教育是一种奢侈的教育，他需要更多的通识教育老师和小班教学做保障，而目前这些是很难满足的。我国处于大众教育阶段，很多学校开设了通识课程，但是大部分都是空有其表。所以，通识课程的开设不要大面积撒网，而要注重少而精，重点要把那些符合通识教育要求，并且带有学校优势和学科特色的课程真正建立起来。

3. 学校注重专业教育

专业教育是一种特殊的教育，针对的是人某一方面的才能，无法上升到整个人的人格培养和能力培养的高度，一味注重专业教育

---

① 北京航空航天大学通识教育课程建设委员会. 北京航空航天大学通识教育白皮书：通识核心课程体系 [M]. 北京：北京大学出版社，2015：29.

② 北航高研院通识教育研究课题组. 转型中国的大学通识教育——比较、评估与展望 [M]. 杭州：浙江大学出版社，249 – 251.

只会形成人才培养片面化、死板化和工具化。通识教育旨在培养健全的人格与心智、打破专业的壁垒，并获得更加广阔的知识视野。对于人的培养来说，应该注重人多方面的培养，这就需要依赖通识教育，而不是专业教育。但就目前学校而言，多数学校还是注重对学生的专业教育，而欠缺对学生通识教育的培养。北京航空航天大学在教育实践中就出现过这样一个实例，这个学生信奉物理和数学，但是却不知道如何处理源自本性的感情，从而陷入困境，这个实例充分说明了通识教育的重要性。① 在学生的培养过程中，专业教育和通识教育并不是相互对立、相互冲突，通识教育应该成为专业教育的基础，两者应该是相互补充和相互促进的关系。

三、北京航空航天大学通识教育发展的特点

（一）科学试点，层次分明，有序推进

北京航空航天大学在通识教育方面进行了多次探索，从"知行文科实验班—知行书院社会科学实验班—理工科试点学院"依次展开。学校将"知行文科实验班"的通识教育在实践过程中的经验和方法作为原型，在此基础上结合社会科学实验班以及理工科实验班的实际情况，加以调整与修正，形成系统化、理论化、适合理工类大学的通识教育，同时对文科或综合性大学也有启发意义。② 北航并没有大张旗鼓地、一步到位地搞通识教育，而是采用了实验班的

---

① 北京航空航天大学通识教育课程建设委员会. 北京航空航天大学通识教育白皮书：通识教育与专业教育［M］. 北京：北京大学出版社，2015：14.

② 高全喜. 北京航空航天大学通识教育白皮书：通识教育与北航实践［M］. 北京：北京大学出版社，2015：65.

形式逐步进行。例如在文科设立了知行实验班，探索文史哲入口、政经法出口的通识教育与专业教育结合的方式，逐渐设计出一套通识教育的课程体系。同时，在理科设立了高级工程师实验班和华罗庚实验班，也在做通识教育与专业教育相结合。把实验班的教学经验进行全面、系统的总结，最终扩大到整个学校的通识教育。

（二）助教和讨论课的设计

助教制度和讨论课制度是一门以经典研读为核心的通识课程不可缺少的两部分，助教使得作业的批改成为可能，讨论课使得大家对经典的思考能够通过交流而变得更加深入，同时找出自己的不足之处。赵晓力老师的"法律与文学"课程就是一个成功的范例。这门课采用三十人的小班教学，这种模式不仅是把小班讨论作为必要的教学形式，更重要的是强调小班教学的实质，也就是关注每位学生的认知境界和发展状况，通过多种形式的启发式教学不断提升学生的全面素质，这正和通识教育培养人才的目标相吻合。北航的班级是单独编班，同学之间非常熟悉，并配有专门的助教组织课堂讨论，容易形成比较深入的讨论。助教的出现使得学生作业得到较为详细的批改和反馈，成为老师和学生之间的桥梁。除此之外，助教能与学生自由地讨论，从中引导学生充分表达自己的观点和看法，培养学生多角度分析和解决问题的能力，有助于学生发散思维，深入讨论。

（三）书院制博雅教育的探索

书院是中国传统的教育模式，它是推进通识教育的有效载体，也是创新学生工作模式的重要实践。知行书院是由北航四个文科学院联合成立的，始终把通识教育的目标理念作为中心。学校在书院制为载体的教育模式上进行过多次探索，并取得了一定的成效。一是进一步巩固了大类招生；二是进一步促进了各文科学院的良性竞争；三是进一步提升了学生的综合能力；四是进一步强化了通识课程教学效果；五是进一步渲染了北航的博雅氛围。① 通过一年的书院制实践，北航的书院制办学模式得以巩固和发展，并最终确定了下来。从第二年开始，学校进一步扩大了书院办学并决定知行书院由学生处直管，这给知行书院的今后发展提供了切实有效的保障。在试点书院工作开展顺利的基础上，学校在 2016 年前后在沙河校区全面推行书院制，实现学生培养模式的机构性转变，最终建设成具有北航特色的书院制博雅教育管理模式。

通过四年来的教学研究与实践，北京航空航天大学的通识教育探索出了一条属于自己的路，并确立了面向理工科背景大学通识教育的北航模式。北航的通识教育效果显著，不仅成为通识教育改革的"领头羊"，而且还成为中国高等教育改革的先行者。

第五节 浙江大学通识教育发展的现状与特点

浙江大学是一所历史悠久、声誉卓著的高等学府，前身求是书院创立于 1897 年，为中国人自己最早创办的新式高等学校之一。进

---

① 李亚梅，罗鹏飞. 北京航空航天大学通识教育白皮书：目标想通，理念相融，通识教育背景下的书院制探索［M］. 北京：北京大学出版社，2015：97-98.

入21世纪之后，为了进一步贯彻"以人为本，整合培养，求是创新，追求卓越"的教育宗旨，继续实现学校在创造与传播知识、弘扬与传承文明、服务与引领社会，积极推动国家繁荣、社会发展和人类进步上的作用，浙江大学适时注入与时俱进的教育新理念，翻开通识教育在学校发展的新篇章。

一、浙江大学通识教育的发展现状

（一）20世纪90年代浙大通识教育概况

浙江大学是国内高校最早开展大学生文化素质教育的试点院校之一，并于1999年正式成立首批国家大学生文化素质教育基地。20世纪90年代中期，浙江大学根据社会需要对结合本校实际，调整了本科教育的培养目标。提出了"加强基础，注重素质，突出能力，面向一流"的教学战略，并为文化素质教育改革采取了一系列措施[①]。其通识课程包括公共基础课程和文化素质与跨学科课程，具体如表5.1所示。

表5.1　浙江大学本科课程结构

课程类别	课程名称
公共基础课程	"两课"、英语、计算机、体育与军事、数理化
文化素质与跨学科课程	人文科学类、社会科学类、自然科学类、工程技术类、艺术类

表5.1根据1999年度《浙江大学本科教学培养方案》中的相关数据编制。

---

① 孙增娟. 社会变迁与大学通识教育课程设置研究：以浙江大学为例 [D]. 金华：浙江师范大学，2012.

通识教育课程在总学分中占的比重在一定程度上反映了学校对通识教育的重视。从表5.2可以看出,浙江大学汉语言文学、教育学、建筑专业修读通识学分比例占总学分45%以上,说明通识课程在浙江大学受到很大的重视。"有数据显示,美国大学本科教学中通识课程的分量大约占本科学习总量的1/4。"与美国大学相比,浙大通识教育课程在数量和学分上已属不低。

表5.2 浙江大学部分专业通识教育课程占毕业学分的比例

专业名称			汉语言文学		教育学专业		建筑学专业	
通识课程	全校必修	必修	45	68.5	45	67.5	50.5	76.5
	文化素质与跨学科	院限选	11.5		12.5		10	
		任选	10		10		16	
毕业学分			150.5		147.5		164.5	
占毕业学分比例（%）			45.5%		45.8%		46.5%	

表5.2根据1999年度《浙江大学本科教学培养方案》中的相关数据编制。

浙江大学这一阶段的通识课程分为必修和选修,学校在课程设置上,采取三种类型:将相关学科内容加以精简;相关学科的概论课程;跨学科课程。学校为避免学生在选课时太过盲目,对某些课程会有严格修读学分的要求。如表5.3所示。

表5.3 浙江大学开设的通识课程及学分修读

通识课程	课程名称	课程性质	必修取得的最低学分	
全校公共必修课	政治经济学	必修	2.5	文45 理42.5
	毛泽东思想概论	必修	文2.5理1.5	
	邓小平理论概论	必修	3.5	
	当代世界经济与政治	必修	文1.5理工无	

通识课程	课程名称	课程性质	必修取得的最低学分	
全校公共必修课	思想道德修养	必修	2.5	文45理42.5
	法律基础	必修	1.5	
	形势与政策	必修	1	
	外语	必修	14	
	计算机文化	必修	2	
	计算机技术	必修	3	
	体育与军事	必修	7	
	高等数学	必修	4	
文化素质与跨学科课程	人文科学类	选修		12
	社会科学类	选修		
	自然科学类	选修		
	工程技术类	选修		
	艺术类	选修		

（二）21 世纪以来浙大通识教育的新发展

改革开放以来，随着市场经济的发展和经济增长方式的转变，浙江经济发展的不足之处逐渐显露，突出表现在人力资源的结构与素质难以适应产业结构调整的要求，缺少创业型、创新型的高级人才的培养。高等教育必须以满足社会经济发展对人才的需求为前提，浙江各高校为适应市场对人才的需求变化，及时调整对策。

2000 年 5 月，为了推进通识教育，浙江大学成立了竺可桢学院，本着注重基础，拓宽口径的宗旨，实行公共基础大类教育与自主选择、鼓励个性的专业相结合的培养模式①。

由于竺可桢学院的办学模式取得了成功，在积累经验的基础上，自 2006 年开始，浙江大学在全校的本科生阶段实施通识教育，正式将通识教育课程作为学校三大课程体系之一，即通识课程、大类课程和专业课程，纳入本科人才培养方案，形成了"通识教育，大类培养"的特色培养模式。全校刚入学的新生不分专业，只进行大致的分类培养。学生们统一入学后，不分专业，一律都要经过 1—2 年的基础知识为主的通识教育；在此基础上，再依据各自的兴趣爱好、特长优势和自己的发展定位，确认需要主修的专业，开始正式进入专业学习。经过多方调研和研讨，学校将原有的"思政""军体""外语""计算机"四大类课程均定位在通识教育课程上，并称之为通识教育必修科目。除此之外，又根据学校的人才培养要求，新设置了通识教育选修课，即历史与文化、文学与艺术、经济与社会、沟通与领导、科学与研究、技术与设计六大类。通识必修课程和通识选修课共 47.5 学分，占总学分近 1/3②。

2010 年以后，浙江大学依据社会发展需求的人才培养和通识课程自身发展的教育目标，将通识课程分为 11 类：导论类、思政类、历史与文化类、文学与艺术类、外语类、计算机基础类、科学与研究类、技术与设计类、经济与社会类、沟通与领导类、军体类。大类课程分为人文科学类、自然科学类、工程技术类、艺术设计类等 4

---

① 施晓伟. 我国大学通识教育现状与路径选择探析——以浙江大学为例 [D]. 西安：陕西师范大学，2008.

② 金娟琴，谢桂红，陈劲，等. 浙江大学通识核心课程建设的探索与实践 [J]. 中国大学教学，2012（8）.

大模块，学院根据专业特点选择其中一个模块设置培养方案。截至目前，浙江大学已开设 298 门通识课程和 253 门大类课程，全面实施按文、理、工科大类综合交叉培养，实现前期通识教育与大类平台基础教育，后期宽口径专业教育与跨学科学习的新模式。

二、浙大通识教育发展特点及存在问题

通过对浙江大学本科大类培养方案和专业培养方案的分析，发现该模式下推行通识教育有以下特点及问题。

（一）课程类别丰富，但缺乏逻辑体系性

如上文所述，当前，浙江大学将通识课程分为 11 类①，我们将其具体情况整理如下：

表5.4 浙江大学通识教育特点一览表

课程类别	课程内容
导论类	总体概括，含"新生研讨课"和"学科导论课"
思政类、军体类	根据教育部的相关指示和文件精神设置
历史与文化类	探讨各民族和国家的历史与文化，有助于学生理解历史长河中的重大事件产生的来龙去脉以及世界各民族国家文化发展迥然不同的形成原因
文学与艺术类	对经典文学与艺术作品分析和批判，探索文学与艺术作品风格的形成和转变，以及社会环境对作品的影响
外语类	包括英语、德语、法语、俄语、日语等课程
计算机基础类	包括计算机基础课和程序设计等实践课程

① 陈晖，汤海旸，谭芸. 浙江大学通识教育课程实践探索［J］. 学校之窗·教育实践，2014（9）.

续表

课程类别	课程内容
科学与研究类	培养学生科学思维、科学研究、科学计算和逻辑推理能力
技术与设计类	通过对知识产权、技术创新创业等知识的讲授，提高学生工程技术素质和设计创新能力
经济与社会类	学习社会科学的基本方法、概念与理论来理解政治、经济、社会中的重要问题
沟通与领导类	培养学生的人际交往能力和领导素质

这一时期在文化素质教育课程方面，课程的内容更加丰富，课程门类更加齐全。但是通识课程设计缺乏内在逻辑和联系，课程数量虽多，重点和目标并不突出，缺乏科学性。

（二）课程偏向应用性和工具性，人文性和普适性有待加强

在浙江大学设置的通识教育课程中可以发现，学校更加重视学生对技能类和应用性知识的学习，例如，开设技术与设计类课程34门，科学与研究类课程共36门。而针对培养学生基本素质的课程相对较少，如演讲能力，沟通协作能力，社交礼仪方面的沟通与领导类课程只有不足20门。通识教育课程基础性不足，太过专业化，应用性明显，会削弱通识课程的整体力量。

（三）通识必修课程所占比例较大

浙江大学要求学生毕业需修读159学分，学生修读通识课程共53学分，占毕业总学分的1/3。其中公共必修学分38分，比例超过三分之二，包括思政类（13.5分），军体类（8.5分），外语类（9分），计算机类（5分），导论类（2分）；选修类课程共要求学分15分，比例不到三分之一，分为历史与文化类（1.5分），文学与艺术

类（3分），经济与社会类（3分），沟通与领导类（1.5分），科学与研究类（3分），技术与设计类（3分）等6个课程组。由此可见，必修课程学分与选修课程学分比例为2.6：1，所占总通识课程学分的份额较大，学生的选择余地其实并不大，使学生选课的主观能动性受到了一定限制。

（四）通识课程教学模式创新

浙江大学通识教育课程一直以来面临的问题是课程内容丰富，但教学质量相对不高。由于通识课程学分绝大多数是1.5分，共计25个学时左右，在短暂的25个学时内很难完成教学任务，达不到有效的教学效果。另外，各门课程独立设置，缺少有机衔接，容易造成学生知识面狭窄，考虑问题不全面。通识教育课程的考核一般没有严格的约束，只要求提交一篇课程论文即可，所以很多学生仅仅为了拿学分而任意摘抄一篇论文上交，导致通识教育课程的实施效果并不明显，因此浙江大学不断进行创新和调整。

从2010年上半年起，浙江大学开始强化通识课程的建设，并率先提出核心通识课程的做法。核心通识课程的开发，是为了厘清学习生态的三大关系（即教授与学习的关系、专业培养与个性训练的关系、知识传授与能力培养的关系）；改变课堂生态诸种过程（师生互动、课堂内外互通、过程与结果相融）；转变学习过程重点，从课堂的教师传授为中心转到教师引导下的讨论环节为中心，最终实现教育生态的三个真正改变（以教师为主向以学生为主转变、以课堂为主向课内外相结合转变、以结果评价为主向结果过程结合转变）。

　　在教学模式上，主要采用理论课大班授课，讨论课程由助教分小组进行的模式。通常是每周一次理论课，一次讨论课，连续16周。理论授课在100—200人，讨论课每班30人左右，助教一般由博士生担任。

　　在考核方式上，由平时成绩、课堂讨论和终期书面考试组成，终期考试成绩在学生最终成绩评定中不超过50%；成绩记载采用五级记分制，即优秀、良好、中等、及格和不及格；成绩评定须呈正态分布，优秀控制在20%以内。以保证学生在平时的通识课程学习上下功夫，而不仅仅是终期上交一篇论文作为应付。

　　以"生命科学"课程为例，该课程被浙江大学列为首批核心通识课程。该课程一改以往教师单向的知识灌输式，设立讨论课环节，课堂主角发生了改变，教师由主动授课者变成了旁听者，每一个学生都有机会站在讲台上，以主讲者身份在规定时间内介绍自己准备的内容，同时接受听众的各式提问和辩论，教师在必要情形下进行评论和引导。

　　与此同时，设立个人讨论环节，将每个教学大班拆分成三个讨论小班，讨论题目事先布置，三个小班同步进行，每个班分成6个小组，每组5—6名学生，实现专业和性别搭配。每个大班配备博士生或高年级硕士生担任助教。讨论过后，学生进行汇报演讲，接受全班学生的提问和打分情况。评分包括内容、形式、表述和回答问题及ppt制作质量等。学生的评分平均成绩占讨论课成绩的50%，助教评分成绩占50%，讨论课成绩占课程最终成绩的50%，理论课的试卷考试和课程论文合占最终成绩的50%，学生在讨论课过程中的提问表现也被纳入评分中。每个学生在课堂上的各种表现，都成为分数的重要评估依据，真正把成绩评定从最后的考试转变成了整个课程学习过程的考核。①

（五）注重课程顶层设计，成立通识教育专家委员会

此前，浙江大学主要由学校的教务处负责通识教育课程的开设、学生选课、教师安排学生学业成绩等，学校并未设定统一的通识教育课程实施方案，通识课程的设置先由教师选定几门课程进行申报，再由学生根据自己的需要选择，只要学生人数达到学校的要求，该门课程就可以开课，导致课程缺乏整体规划，课程凌乱。

目前，浙江大学成立了通识教育专家委员会，进行"顶层设计"，充分讨论通识课程设置的目的和知识覆盖范围。将课程重新归类为：人文与艺术，社会科学，数学与自然科学，工程与技术四大类。同时，专家委员会根据申请者提交的详细大纲进行评审，要求大纲详细到每节课的知识点、阅读材料、思考问题等。

关于通识教育委员会的组成。在学科上，覆盖文、史、哲、艺术、社会科学、数学与自然科学和工程技术；在比例上，以校内专家为主，辅以一定数量的校外（境外）专家和顾问。

（六）通识课程教师队伍建设

目前，浙江大学面向全校（全国）招聘通识课程主讲教师，并通过举行"新星计划""交叉学习计划"等，开拓教师国际视野、增强跨文化交流能力和学习跟踪捕捉国际先进学术的前沿意识。

---

① 唐建军，吴敏，陈欣，史锋. 浙江大学生命科学通识课程开设讨论课的探索［J］.高校生物学教学研究，2014.04（1）：12－16.

同时，增强对助教的培训力度，每学期开学初组织助教培训，开学一个月后，组织一次助教经验交流，汇编助教心得，提高助教在讨论课堂的组织力。

（七）通识课程加强机构监管

浙江大学之前的通识教育的管理工作由教务处、学工处等部门共同分担，缺乏一个专门机构从宏观上进行把握，学校对学生选课指导不足，致使学生选课目的不明确；对通识选课的监管和考核力度不够，学生在选课时倾向选择容易拿到学分的课程。浙江大学为达到通识教育课程的目标，使之有效实施，为此推行了一系列的配套管理措施。学校组织成立教学督导组，进行全程化跟踪，并对教师出勤及教学效果进行完善的考核评价体系，以此保证教学改革向正常轨道发展。

第六节　北京师范大学通识教育的发展现状与特点

北京师范大学作为百年名校，前身为京师大学堂师范馆，自那时起就注重专与博的关系，是中国通识教育思想最初的萌芽，其百年来对通识教育的植入与创建，无疑是中国大学通识教育一个十分经典的个案。本节将对北京师范大学通识教育的发展历程、发展现状及特点进行梳理。

一、北京师范大学通识教育的发展历程

北京师范大学的创建最早可以追溯到 1902 年的京师大学堂师范

馆，后于 1921 年，改名为北京高等师范学校，在 1923 年正式更名为北京师范大学。作为百年名校，其通识教育制度的形成并非一蹴而就的。总体而言，北京师范大学通识教育的发展经过如下几个时期。

（一）1912 年大学预科制度时期

大学预科制度的创设离不开师范教育专业化的发展，当时的京师大学堂师范馆是学习日本的教育模式，不仅注重教师专业训练而且还强调对其技能和道德的培养。同时师范馆将 4 年的修学年限分为两段：第一段只有 1 年的修习时间，主要学习中国文学、英语、算术、人伦道德等公共课，第二段属于分类课阶段，有 3 年的修学期。此种模式虽然名义上已经具备通识教育的大义，但与通识教育注重的学科的沟通和交流依然有所不同——专业之间缺少有机的联系，故而，此阶段北京师范大学的通识教育的发展可谓任重道远。

（二）1912—1921 年北京师范大学改制时期

此期间属于北高师通识教育的起步阶段，陈宝泉校长作为最有力的改革人之一在此时期起了关键的作用。首先因早年留学日本的经历，陈校长的教育思想和办学模式深受日本的影响，"青年学子埋头科学，不能博文多识，流于洋八股一派者，亦于生活上不无凿枘。古今所谓通人者，大抵皆常识丰富之人"[1]，由此可见，陈校长在培养人才方面不仅注重专长而且讲求"通人"。其次，陈先生在担任北高师校长期间，实施扩充系科的手段，从而促进"高师改大"[2] 的

---

[1]　陈宝泉. 陈宝泉教育论著选 ［M］. 北京：人民教育出版社，1996：32.

[2]　高师改大：将高等师范学校升格为师范大学或综合性大学。

实现，同时陈校长还聘请大批的学者，尤其是留学欧美的学者到北高师任教，为北高师通识教育的实施奠定了人才条件。最后，在教学方面北京高师各部都设有学会，并采取组织学生公开演讲、参观、组织旅行等方式，陶冶学生情操的同时提高了学生的思辨能力。

（三）1922—1928 年高师改大后的学分制与自由选修制时期

这一时期北洋政府发布了一系列的法令，如 1922 年颁布的新学制①，实行选科制，调整修业年限，将高等教育修业年限设置为 3—6 年，其中大学为 4—6 年，并规定了大学各院采取学分制的制度。而此时的北高师已经升格为和综合大学地位同等的"国立北京师范大学"，因此，选课制和学分制同样适用于师范大学，故而，当时的北师大在课程设置方面不仅包含公共必修科、主科，而且也包括副科和选修课，并在此基础上规定了各类课程的学分，即公共必修科 56 学分，主科 52—76 学分，副科 22 分，选修科 26—50 分，此外在《1924 年国立北京师范大学组织大纲及学校概要》这一文件中还对修习学分的计算做出了明确的规定：本科学生应修满 144 学分才可以毕业，此外还须加上体育 8 学分和实习 8 学分，共 160 学分。② 从学分比例来看，北师大较之前加强了各系科间的融合；从学科设置上来看，公共必修课涉及的知识面也比较广，不仅包含国文、数学、英语等一般基础性学科，还涉及了关于道德、基本的艺术修养等方

---

① 1922 年 11 月，"中华民国"北洋政府以大总统令颁布的《学校系统改革案》中规定的学制系统，为区别于壬子癸丑学制，又称新学制，即壬戌学制。

② 北京师范大学档案：北平师大 1923—1933 年组织大纲、规程、学则、校园规划章程、招生简章、教室分配等文件，北京师范大学档案馆藏。转引自林杰，赵武. 北京师范大学通识教育制度的建构与变迁［J］. 高校教育管理，2013（7）：8.

面的课；在选修课方面很大程度体现了选课的自由度。由此可见，此时的北师大通识教育的发展相比之前更具有先进性的特点。

（四）1928—1949 年加强共同必修课和整理大学课程时期

随着社会的发展，人们发现原本在大学实行的学分制和自由选修制的弊端已经日益显现出来，诸如因选修课的比例大而造成的知识体系的不完整性和不系统性等的问题，所以对大学课程进行整理的计划已经迫在眉睫。于是 1929 年教育部先后颁布了《大学组织法》《大学组织规程》，以期解决大学课程规范性的问题，当时北师大积极响应教育部的号召，在 1933 年为应对课程规范工作，重新在学则文本规定本校的课程，与 1924 年的课程设置有明显的不同的是：北师大将原本为 26—50 分的自由选修课大大缩减为 8—16 学分，① 同时为了突出师范性的特点还增加了教材教法的课程，并将其设为公共必修的课程。由此可见，此阶段的北师大通识教育发展带有强化师范专业化，改善课程设置的作用。

（五）1980—2000 年重构全校性公共选修课时期

这一时期北师大通识教育的发展呈现小幅度缓慢发展的特点。因为政府在 1952 年实施的院系调整的政策，所以引发了高等教育过度专业化的问题；故而 20 世纪 90 年代中期一些高校主张实施文化素质教育，期望通过文化素质教育②促使通识教育重新焕发活力。北师大在此期间首先恢复了早前中断的学分制、选修制度，并且允

---

① 北京师范大学档案：北平师大 1923—1933 年组织大纲、规程、学则、校园管理规程、招生简章、教室分配等文件，北京师范大学档案馆藏。转引自林杰，赵武. 北京师范大学通识教育制度的建构与变迁 [J]. 高校教育管理，2013（7）：8.

② 文化素质教育：主要指文、史、哲、艺术等人文社会科学和自然科学方面的教育。

许学生可以选修少量其他院系的课程，其次通过《关于改革本科教学计划的几点意见》再次重申了通识教育的诉求，规定了本校的教育目标，即"培养一个合格的教师，应该具有比较广博的知识……掌握一门外语，具备独立获取知识、分析问题、解决问题的能力"①，通过这些手段促使北师大通识教育的发展更为便利。最后，为提高教师的文化素养，1982 年北师大开设全校性公共选修课的相关课程，截至 1986 年，全校性选修课从 2 门增至 34 门，选课人数达 3000 人②，其受欢迎程度可见一斑。

二、北京师范大学通识教育的发展现状

（一）通识教育的含义

通识教育用英文翻译为 general education，有人把它译为"一般教育""普通教育"和"通才教育"。最早把通识教育与大学教育联系在一起的是美国博得学院帕卡德教授，他提出："学院应该给青年一种 general education，一种古典的、文学的和科学的，一种尽可能综合的教学，它是学生进行任何专业学习的准备，为学生提供所有分支的教学，这使得学生在致力于一种特殊的、专门的知识之前对

---

① 北京师范大学教务处档案〔1971—2000〕（二），关于改革本科教学计划的几点意见以及大中小学政治课程设置的一些初步设想，北京师范大学档案馆藏。转引自林杰，赵武. 北京师范大学通识教育制度的建构与变迁［J］. 高校教育管理，2013（7）：8.

② 北京师范大学教务处档案〔1971—2000〕（二），教务处关于跨系选修课管理的意见及班级和考试情况统计表。转引自林杰，赵武. 北京师范大学通识教育制度的建构与变迁［J］. 高校教育管理，2013（7）：8.

知识的总体状况有一个综合的，全面的理解。"① 在《哈佛通识教育红皮书》中指出："通识教育不是关于'一般'知识的空泛的教育；也不是普及教育意义上的针对所有人的教育。它是指整个教育中得一部分，该部分旨在培养学生成为一个负责任的人和公民。"② 综上所述，可以归纳出通识教育的含义：通识教育是学习专业课前的一种教学方式，旨在培养有素质的公民。由此可见，通识教育与专业教育之间的关系并非互相切割的，而是彼此融合的，其内容上有一定的互通性和交汇性。

（二）北京师范大学通识教育的发展现状

1. 北京师范大学通识教育课程概况

目前的北师大通识教育从形式上大体分为必修和选修两大类，其中通识教育必修课包括思想政治，体育与健康，军训与军事理论，大学体育，大学英语五大类，选修课包括人文社科与艺术，社会科学，数学与自然科学，教育与心理学等四大类。③ 北师大的通识教育必修课是从大一开始就开设的，注重拓宽学生视野，而选修课是从大二开始对学生开放，需要学生具备一定的知识基础及水平。其次北师大通识教育课程从内容可以分为家国情怀与价值理想，国际视野与文明对话，经典研读与文化传承，数理基础与科学素养，艺术创作与审美体验，社会发展与公民责任六大模块，其中涉及家国

---

① 李曼丽，汪永铨. 关于"通识教育"概念内涵的讨论［J］. 清华大学教育研究，1999（1）：99－104.

② 北京航空航天大学通识教育课程建设委员会. 北京航空航天大学通识教育白皮书［M］. 北京：北京大学出版社，2015：9.

③ 云淑芳. 日本京都大学与北京师范大学通识教育比较研究［J］. 北方文学（下半月），2012（8）：190.

情怀与价值理想的有 41 门课，国际视野与文明对话的有 71 门课，经典研读和文化传承有 114 门课，数论基础与科学素养有 200 门课，艺术创作与审美体验有 40 门课，社会发展与公民责任有 129 门课，旨在通过培养学生的实践能力和创新精神，塑造人文情怀和科学思维四方面，达到治学修身兼济天下的目的①，另外不同专业对通识教育修读学分的要求也不同，比如在经典研读和文化传承方面，社科类专业的学生至少要修 6 个学分，文学科类的同学，至少修读 20 学分，且在非本专业课程至少选修 14 学分。

2. 北京师范大学通识教育模式

从 2000 年发展至今，北师大通识教育发展模式依然处于探索阶段，主要通过两种教育模式来推进的，其一是实行小规模的通识教育的模式——办文理科综合实验班；其二是在全校实行大范围的通识教育模式——将公选课进行梳理和凝练。

北师大在 2001 年成立了励耘实验班便是北师大对探索新的教育模式最典型的事例。励耘实验班的人才培养模式分为分段式和贯通式两种。分段式所针对的对象为文科、理科、综合三种类型的实验班，其具体指表现为将学制分为 "2 + 2" 和 "1 + 3" 两段的形式，即第一到二年级采取通识教育的方式，目的是为了加强基础，三到四年级进行专业分流培养，达到因材施教的目的。贯通式针对的对象为已经进入实验班的学生，它是和专业培养相通的一种专门训练的方式，在深化通识教育的同时，提升了学生的竞争力。

---

① 北京师范大学. 北师大本科教学改革全解读——2015 年版培养方案亮点梳理 ［EB/OL］. 北京师范大学官网，2017 - 04 - 17.

另一种模式是着眼于全校性选修课，探索一种较为合适的通识教育的模式。为了纠正公共选修课的课程结构的不合理性，2008年北师大在颁布的《关于修订本科计划的若干意见》中提出：在通识教育基础上实施宽口径专业教育，构建通识教育与专业教育有机联系、相互协调的课程体系的教学计划。在2010年通识教育的指导和咨询机构——北师大通识教育课程建设委员会成立，时至今日，北师大通识教育课程建设委员会在通识教育的指导和咨询方面起着举足轻重的作用。

三、北京师范大学通识教育的特点

北京师范大学的通识教育形成了如下一些特点。

（一）独特性

具体是指北京师范大学通识教育具有自己独有的特色。表现在通识教育发展过程的独特性。早在大学预科制度时，京师大学堂就学习日本的教育强调对教师的道德进行磨砺，并在当时"中学为体，西学为用"的思想下融入了儒家通才的思想，从而为通才教育提供了发展的基础。在师范大学的改制初期，北高师校长陈宝泉先生正是依照日本高等师范学校的方式对北师大实施扩充系科的手段，在后期，陈先生遍访欧美教育，主张建立师范大学，促使"高师改大"的形成。在1931年北师大加强的公共必修课的做法正是借鉴德国学术强国的思想，加上当时中国处于内忧外患的特殊时期，因此在公共必修课课程结构方面更加突出国文的课程，加强了政治类的课程，还增设了各种学科的概论课程。由此可见，北京师范大学通识教育的制度是在移植外来教育的情况下融入了本土特有的思想而体现其独特性的特征的。

（二）历史发展性

北京师范大学的通识教育经历了大学预科时期、改制时期、学分制和自由选修制、大学课程整理和公共必修课加强时期、重构全校性选修课时期以及通识教育的探索时期这 6 个时期，可以看出北师大的发展并非一朝一夕的，而是逐步构建形成的。同时北师大的发展经过了教育培养的封闭模式、高师改大的开放模式，最后在步入 2000 年向综合大学转型的通识教育的模式这 3 种模式，可以看出北师大通识教育模式在适应社会发展的同时呈现出不断前进发展的特征。

（三）强制性

在北师大通识教育发展时期离不开政府政策的影响，政府政策的出台与颁行对北师大通识教育起着促进作用，而这种促进作用从另一层面上来说是政府强制性所起的作用。比如在 1922—1928 年北洋政府公布的《国立大学条例》，使高师改大后的师范大学也同样遵守学分制和选科制的制度，1929 年国民政府整理大学课程，1933 年强制性要求师范各院校低年级学生修习共同的课程，再比如 2009 年北师大制定实施的新的本科教学计划便是依据教育部的要求而制定的。由此可见，政府政策的影响在北师大通识教育的发展中起着一定的作用。

第六章

我国大学通识教育的实践与全球大学
通识教育发展的趋势

在前面的章节中，我们大致了解了俄罗斯的大学通识教育的现状与特点。新中国成立后，我国高等教育深受苏联的影响，在苏联高等教育理念的指导之下，我国的高等教育进行了大刀阔斧的调整。在其特殊的历史时期，我国的高等教育发展全盘照搬了苏联的发展模式，有利有弊，历经了50多年的发展，我国的高等教育进行了多次改革和调整，如果仔细审视，在我国的大学中依然还能够探寻到苏联模式影响的痕迹。在本章中，我们将在第一节以 A 大学为例，系统总结我国工科院校的通识教育的实践与新动向；在第二节中，我们将对中外大学，尤其是中俄两国的通识教育进行比较与分析。

第一节　我国大学通识教育的实践性与创造性

我国高等教育正由"精英化"向"大众化"转型，高等教育如何确定适合自身发展的正确方向，如何应对经济和科学技术迅速发展所带来的一系列棘手问题，这是时代赋予高等教育者的使命。实践证明，通识教育是高等教育可持续发展的有效动力和重要保障。通识教育强调创造性学习，注重培养学生独立思考、主动获取和应用知识信息的创新能力，有利于学生更好地适应未来职业的需要。通识教育贯通人文科学、社会科学和自然科学，宣扬"回归人本"的教育理念，但是我国工科院校由于传统以及现实等种种因素的影响，在通识教育的问题上存在着工具性和机械性等问题，这严重影响了工科院校通识教育体系的健全与健康发展。对工科院校通识教育片面发展进行矫正、反思并提出实践性方法，对目前我国高等教育的发展具有重要意义。

一、A 大学通识教育的调查与分析

（一）A 大学通识教育现状

1. A 大学通识教育体系

为深入贯彻教育部 4 号文件精神、全面落实学校本科教学"十一五"发展规划，A 大学于 2003 年着手调整课程机构，更新教学内容、改革教学方法和手段，构建通识教育、学科教育和专业教育三位一体的探究型教学模式，建立人文科学、社会科学、物质科学与生命科学等领域的通识教育体系。经过十年的发展，A 大学已形成一套较为完善、系统的通识教育体系。

A 大学本科生通识课程涉及管理类、科技类、人文社科类、艺术类和体育类等五个学科门类，每门课程为 1 学分（24 课时）或 2 学分（48 课时），其中以 1 学分课程居多。学生培养方案明确规定，学生必须选修 6 学分的通识教育课程，其中理工类学生必须选修管理类课程 2 学分、人文社科类课程 2 学分、艺术类课程 1 学分和体育类课程 1 学分；文法经管类学生必须选修人文社科类课程 1 学分、科学技术类课程 3 学分、艺术类课程 1 学分和体育类课程 1 学分。需要指出，在具体执行过程中，学校并没有设定相关配套措施以贯彻此措施的落实。

2. A 大学通识教育方案

（1）辅导员开展入学指导和选课咨询工作

为了配合通识教育的实施，给学生提供及时、有效的选课指导和学习咨询，学校一方面专门制定了《本科生选课手册》，其中列有通识课程一览表，在新生入学时免费发放；另一方面在入学第一周，由学校、院系相关负责人和辅导员对新生进行入学教育和辅导，引导学生了解本科培养方案，做好学习规划，正确、合理选课。需要指出，辅导员并没有专门针对通识教育课程进行强调及详解，仅在毕业要求学分方面强调必须具备 6 学分的校选通识课，并且告知学生尽量在前两年将此项目修满。

（2）各院系积极开设各类通识课程

各院系积极开设相应的通识课程。2013—2014 年度第一学期，A 大学开设 138 门通识课程，其中材料科学与工程学院开设 5 门，化学工程学院开设 11 门，机电工程学院开设 6 门，信息科学与技术学院开设 12 门，经济管理学院开设 11 门，理学院开设 6 门，文法学院开设 84 门，生命学院开设 9 门。

（3）教务处加强质量监督，实行教学质量评价

学校教务处一方面设置巡视组，不定期检查、巡视和指导，定期反馈教学信息，另一方面建立教学质量评价体系，学生评价（40%）、同行评价（30%）和专家评价（30%）相结合。

（4）全校加强课程建设和教改力度

学校加大支持力度，在教改立项、课程建设、教材建设、教改论文等各类教改项目方面有意识地往通识教育倾斜，鼓励教师积极参与。此外，学校实行课时计费制，在选课人数少于30人时，课时自动乘以0.9，比如24课时即减至21课时，课时费随即减少，以此引导教师丰富教学形式、保证教学质量，不断探索最佳的教育方式。

（二）A大学通识教育的调查背景和目的

通识教育是高等教育的重要组成部分，自20世纪90年代中期以来，我国大学在通识教育的理论和实践探索上都取得了长足的进步，但是工科院校由于历史以及现实问题影响与制约，在通识教育的问题上存在着工具性和机械性等问题，这严重影响工科院校学生人文素养以及学校综合实力的增强。A大学作为工科院校的代表，目前正着力加强通识教育的开展，并进一步深化通识教育改革，为了更好地制定相关改革措施，通过对在校生进行问卷调查、实际观察等，以期全面了解A校通识教育的开展状况、学生对通识教育的看法等，以便为下一步通识教育的改革提供有效的参考。

（三）A 大学通识教育的调查范围和研究方法

1. 调查范围

本次调查对象为 A 大学昌平校区的一、二年级本科生，其中 90% 是 2013 级本科新生。调查采用随机抽查的方式，学生来自 A 大学的化学工程学院、材料科学与工程学院、机电工程学院、信息科学与技术学院、文法学院、经济管理学院、生命科学与技术学院、理学院等学院。调查分两次进行，第 1 次在 2013 年 11 月，第 2 次在 2015 年 5 月，分别在秋季学期、春季学期进行。

2. 研究方法

（1）问卷调查

发放问卷 500 份，实际收回 465 份，问卷回收率为 93%，有效率为 100%。问卷有 9 个问题，主要包括对通识教育的看法、对通识教育课程设置的看法、对通识教育的要求及对 A 大学通识教育的建议等。

（2）采用结构性访谈法

一方面对上课教师进行访谈，从教师的角度看通识课程的发展情况，另一方面对上课学生进行访谈，从学生的角度看通识课程的影响力与课程反馈情况。

（3）采用实地观察的方式

走访 A 大学昌平北校区十七个通识课课堂，包括电影艺术与欣赏课、漫画课、西方文化入门课、平面广告设计课等。通过实际课堂着重观察教师的授课方式、与学生的互动情况以及学生上课的积极性等。

（四）A 大学通识教育的调查结果以及分析

1. 通识教育目标不明确

目前，A 大学通识教育并没有出台明确的发展目标等，因此缺乏明确的指导思想和发展方向，缺乏宏观的教学规划，这带来了一系列不良影响，如通识教育长期不受重视、发展速度落后于学科专业的发展等。

2. 通识教育体系不完善

（1）入学指导和选课咨询流于形式

以问卷第 6 题为例。从下图中分析得到，在所调查的 465 份问卷中，1% 的学生非常了解 A 校通识课程的教育方案，31% 的学生比较了解，21% 的学生不确定，42% 的学生不太了解，5% 的学生完全不了解。由此发现，学生对学校通识教育方案的了解程度低，侧面反映 A 校通识教育的指导工作不到位，选课咨询流于形式。

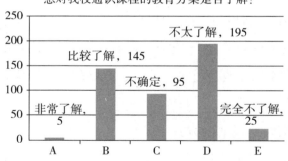

图6.1 学生对学校通识教育方案的了解程度

（2）《通识教育学习指南》尚未制定

目前，《2013 级本科生选课手册》中关于通识教育的规定只涉及学分要求、课程一览表，内容狭窄，分类不明确，指导意义非常有限。

（3）教学质量评估易受主观意志影响，缺乏客观评价标准

教学质量评估体系以学生、同行、专家评价为主，主观意志较强烈，缺乏客观评价标准。以学生评教指标体系为例，评估指标过于主观，缺少客观标准，较难形成客观、科学的评价结果。

表 6.1　A 大学理论课教学评价体系（学生）

评估指标	权重
课程教学效果好	0.3
认真负责，热爱教学	0.2
教学内容安排合理	0.2
恰当运用教学手段，教学方法灵活多样，有利于学生自主学习	0.2
注重学习过程（作业、讨论、答疑、测验等）	0.1

3. 通识课程设置不合理

（1）通识课程时间分配不合理

首先，从问卷法分析。

以问卷第 1 题为例。从下图中分析得到，17% 的学生期望工作日白天学习通识课程，74% 的学生期望工作日晚上学习通识课程，9% 的学生期望周末学习通识课程。由此发现，大部分学生不希望在周末进行通识课程的学习。我们对通识课堂进行实际观察时也确实发现在周末开设的通识课中，学生的出勤率通常低于 50%。但是，从目前 A 校通识课程时间安排上发现，周六、周日两天全天均安排了通识课程，并且数量占了全校一学期所开通识课程近一半，这其中的矛盾无疑会影响教学质量，并且也造成了一些本想根据兴趣选

课的学生的困扰，间接导致一些工作日开设课程难选的状况。

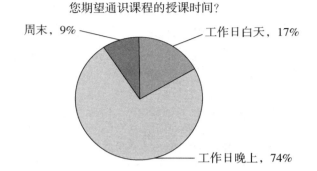

您期望通识课程的授课时间？

周末，9% 工作日白天，17%

工作日晚上，74%

图 6.2 学生期望通识教育的授课时间

其次，从访谈法分析。一方面，通识课程为 1 学分，24 课时
（8 周），每周 3 课时，时间间距大，节日放假时停课一周并无硬性
补课要求，时间安排导致课程缺乏持续性；另一方面，素质拓展活
动、体育测试安排与课程时间冲突，学生请假现象频繁。

（2）通识课程学分所占总学分的比例低

以公共管理专业为例，2009 级毕业最低学分要求为 180 分，通
识教育最低学分要求为 6 分，通识教育占总学分比例为 3.33%；
2013 级公管学生最低学分要求为 190 分，通识教育最低学分要求为
6 分，通识教育占总学分比例为 3.15%。由此发现，随着专业课程
要求学分的增多，通识课程所占比例愈发降低，通识课程与专业课
程的地位在课程设置上差异明显。

（3）院系通识课程分布不均衡，停开课程比例大

2013—2014 年度第一学期，A 大学共计划开设 203 门通识课程，
但其中 65 门停开。通过调查发现，2013—2014 年度第一学期，A 大

学共开设 138 门通识课程，其中文法学院开设 84 门，占通识课程总量的 60.9%，化学工程等其他学院总共开设的通识课程还占不到总数的 40%。由此发现，院系通识课程分布不均衡、停开课程比例大的现象非常严重。

表 6.2　2013—2014 年度第一学期 A 大学通识教育开课情况

状态＼学院	材料科学与工程学院	化学工程学院	机电工程学院	信息科学与技术学院	经济管理学院	理学院	文法学院	生命学院
开课	5	11	6	12	11	6	84	9
停开	8	0	3	3	3	9	38	1

（4）通识课程缺少试听阶段

A 校通识课程选课时间为开学后第 1 周和第 2 周，选课时间截止后不做后补工作。但是，A 校通识课程的开课时间为第 3 周至第 11 周。因此，学生根据个人兴趣和课程名称，随机选择通识课程，缺乏实践试听和退补选阶段，这在一定程度上影响了通识教育的教学效果。

4. 教师队伍建设不理想，教学效果参差不齐

（1）教师队伍建设方面不理想

师资状况不理想，以讲师职称的教师授课居多，任课教师缺少研究心得。此外，因人设课的现象普遍，课程设置和开发处于自由、随意和散乱的状态，课程缺少吸引力，跨学科课程比较少。

（2）教学效果参差不齐

以问卷第 1 题为例。从下图中分析得到，在所调查的 465 份问卷中，8% 的学生对教学效果非常满意，70% 的学生对教学效果比较

满意，13%的学生对教学效果不予评价，9%的学生对教学效果比较不满意。由此发现，A校通识教育的效果整体乐观，但是持保留意见和比较不满意意见的学生，仍占一定的比例，这表明教学效果方面仍需进一步改善。通过对通识课堂的实际观察，我们发现大多数教师的授课方式还是以讲授以前的PPT为主，很少有教师会根据自己所开设通识课的实际情况而采取灵活多变的授课方法。并且通过观察我们发现老师在课堂上与学生的互动也不多，学生上课的积极性以及获得的知识情况可想而知。

您对教学效果的满意度？

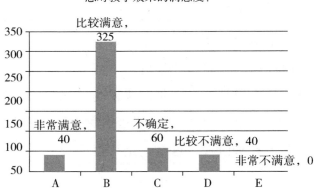

图6.3 学生对教学效果的满意度

5. 学生观念认识不到位

以问卷第12题为例。从下图中分析得到，20%的学生认为通识课程重要，69%的学生认为通识课程不及专业课程重要，11%的学生认为通识课程不重要。由此发现，学生对通识课程的认知程度低，对通识课程的重要性认识不到位。通过课堂观察以及访谈，我们了解到大多数同学选择通识课的目的是为了修完学校规定的学分，很少有同学是出于自己的兴趣或者是为了扩充自己的知识面而选择某门通识课；而且通过观察我们发现上课时玩手机、睡觉、低头做自己事情的学生也大有人在。

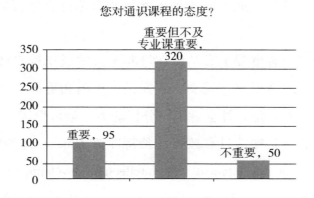

图6.4　学生对通识课程的态度

二、香港理工大学通识教育现状

香港理工大学的前身是 1937 年成立的香港官立高级工业学院，1994 年更名为香港理工大学。在长达几十年的教学中，它的培养目标定位专门工商业人才，和 1949 年以来的工科院校的发展定位极其相似，由于其理工类学院的背景，其发展过程也经历了从只重视专业教育到不断重视通识教育的发展道路。

如今，香港理工大学的通识教育致力于"完整的教育"（Promotion of All – round Education）目的，他们希望通过通识教育课程拓展学生的视野，训练他们独立思考能力，有敏锐的社会触觉，对我们的国家和社会有最基本的认识。

这样的定位正是在香港理工大学在专注专业教育的实践中不断重塑的，该校认为人才培养的首要目标应该致力于让学生拥有全面的人格和视野，其次是获得专业性知识和专门技能。经过香港理工大学十年来的教育实践不断论证了此培养目标符合教育的本真，且具有时代性。

具体分析，香港理工大学旨在培养全人的通识教育体现为：民族责任感、三文两语（中英文，普通话、粤语和英语）、文化修养、进取精神和领导才能、社会意识、分析能力、创意思维、国际视野、终身学习，目标是塑造具有独特（独特即德 ethics、体和精 physical and psychological development、智 intellectual development、学 learning、业 career、群 social development、美 aesthetics）素质的优秀人才。①

在实施上，香港理工分别由两大部门分别负责保证通识教育的深度和广度。通识教育中心负责有深度系统的主修通识课程，学生工作处则负责拓展辅修通识课程的广度。两个部门各司其职，相辅相成，相得益彰。

（一）通识中心开设的通识课程

为了保证通识课程的品质，香港理工大学的通识教育委员会负责通识课程的统筹、制定和监督。香港理工的通识课程主要由两部分构成，一是"中国研读"通识课程；另一模块是"拓展视野"通识课程。内容设计经济、文化、政治、艺术、社会等方方面面，学生通过选修能对某一具体领域有比较深刻的思考与研究，培养学生

---

① 香港理工大学. 香港理工大学课程［EB/OL］. 香港理工大学官网，2016 - 09 - 16.

形成自己独特而科学的看法与观点。①

授课教师均为在编教师，但不一定都是来自通识中心，有相当一部分来自各个院系。教师在开课前向学校的通识中心上报拟开设课程门类的教学大纲、教学计划以及考核方法，提前向同学公开，以便需要选修的同学选择。考核多采用100%平时分，对学生来说成绩合格难度不大，但是若想获得优秀，则难度较大。

（二）学生事务处开设的"辅学课程"

"辅学课程"致力于拓展学生的通识广度。近年来，香港理工大学每年将近开展250门之多的辅学课程。这些课程与通识中心开设的课程有所区别，不同之处在于任课教师的成分来源，任课教师既可以由本校教师担任，也可以聘请校外某方面专家来授课，这些专家不一定是专业教师、但确实拥有某一方面的过人之才华。学校会给予一些比较固定的校外教师"客座讲师"的头衔。学生事务处按课时付给授课人报酬，这部分资金学校统一进行拨款。本校教师也可以将这类课程计为教学工作量。辅学课程一般周期较短，通常只有6—8次课，但内容轻松而有趣，丰富且多元化，几乎可以满足每个学生的兴趣；不需要考试也不算学分，学生参与的热情很高，报名人数年年爆满。②

香港理工大学很值得国内理工科院校借鉴。香港理工大学的通识课程广度深度能够有机结合。既能看到宽广的通识范围对培养学

---

① 陈庆祝，王玉．香港高校人才培养模式考察及启示——以香港理工大学为例［J］．高教探索，2014（1）：106 – 107.

② 孙晓玲．融通广度和深度的全人教育——香港理工大学通识教育及其启示［J］．中国职业技术教育，2011（6）：68 – 69.

生可持续发展和全球视野的必要性，又看到了深刻的通识底蕴对提升学生价值认识和形成批判性思维的重要性。在深度上，由香港理工通识教育委员会统一规划、开设并监管的这类课程执行起来非常严谨，且教师的品质和水准、课程的体系与结构、考核的评判与标准都有严格的规定，课程数量有限，质量很高，从而有效保证了学生深度分析问题的能力、批判性思维和创新能力的提高。在广度上，香港理工学生事务处负责用"辅学课程"来拓宽学生学习思考的途径，提供多种可能用于弥补学生某方面的知识缺憾。这类课程数量较多，旨在让学生有更多机会了解外面的世界，走出象牙塔，因此课程设计相对自由，教师组成较为灵活，校外专才、专家都有机会走进校园，此举有利于社会和高校的人员接触和流转。与专业课程不同之处在于通识课程的影响不会立竿见影，因此这类课程教学过程比结果更为重要。更看重学生的全程参与和积极思维，激活学生发自肺腑的"我要学"的动力，是学生加大学习投入的推进器。但这并非意味着标准比专业课程低，此类课程合格容易，优秀很难。

三、加强工科院校通识教育发展的建议

　　改善通识教育体系、提高教学效果、充分发挥通识教育的育人作用，不仅要借鉴国内外高等院校的成功经验，也要结合我国工科院校的实际情况进行创新。从 A 大学本科生教育两校区办学、教学资源有限等现实出发，结合学校目前通识教育发展成绩及问题，在已建立起来并经过一定阶段发展的"全校通选课"模式的基础上，进一步提出完善通识教育体系的建议及对策，以抓住目前中国高校

通识教育发展探索阶段的机遇，形成有特色的通识教育体系，为工科高校的通识教育方式开展有益探索，使学生不仅仅学到知识或技能，而是获得心灵的刺激与拓展、见识的广博与洞明，从而成为适应社会需要的全面发展的高质量人才。

（一）通识教育与学校特色相结合

一个大学的象征，经常来自通识教育。将通识教育与塑造学校特色相结合，进行长远规划，往往比通过行政要求或规范去刻意为之效果更好。所以，在设置通识教育课程时不必追求大而全，而应该讲求其与通识教育理念及本校的定位相结合，注重质量和效果，使通识教育对学校的特色构建做出更大的贡献，从而进一步提升通识教育在整个学校管理工作及各方主体心中的地位，改变认为通识教育"重要而非紧迫"的观念，将整个学校教育从短视、功利的氛围中解放出来，培养学生自由而全面的发展。不同的工科类院校都有自己专业特色，因此学校可以根据自己学校的优势，多开设一些与自己学校专业特色相关的通识课程，各个学科融会贯通，不仅丰富学生的知识体系，而且有利于工科院校综合实力的增强。

（二）完善通识教育管理机制

完善通识课程管理体系，增设通识教育统领性机构"通识教育委员会"和主管机构"通识教育中心"，管理学校的通识教育建设。其中，"通识教育委员会"由校长担任主任委员或主席，统揽学校通识教育工作，使通识教育摆脱仅以有形课程的方式体现的印象、将通识教育思想渗透于学校各项学生工作辅导、学校治理过程当中。其他成员包括教务处负责人、各院院长、教师代表（3人/学院，每年改选 1 人）、学生代表（4 人/学院，每年级 1 人）、工作人员。该委员会主要负责审议和督导，对由"通识教育中心"所提出的各项重要规划、方案，均应由此委员会审议，做周全细密的研讨，通过后交付实施；对实施情况及结果进行监督考评。

"通识教育中心"是通识教育委员会下设独立机构，对委员会负责，受委员会监督，主要负责学校通识教育工作的开展。设主任一名，其他工作人员若干。

其主要工作包括：

①结合学校人才培养目标，提出明确的、具有学校特色的通识教育理念与目标，并确保其明确标注于本科生手册之中。具体而言，应该明确并贯彻培养学生人文道德素养、促进其自由而全面的发展的教育理念，并在其指导下进行各项工作的开展，制定各发展阶段、各层次的具体计划、目标。

②明确通识课程在学校各项工作中的定位，改变普遍存在的"重专业，轻通识"的局面。具体而言，通识教育不是阶段性的教育，也不是孤立脱节的，应该把通识教育贯穿于大学教育的全过程，将其思想深入到大学教育的全部课程当中，并且积极进行将通识教育与专业教育相结合的有益尝试。

③引导学生树立通识教育理念。具体而言，要为新入学本科生开设入学教育讲座，详细介绍通识教育理念、课程信息、管理方法、选课方式等内容，做好选课咨询工作，使广大学生逐步树立起通识教育意识，引导其合理安排通识教育课程，加强通识教育效果；对各学院辅导员开展相关宣传工作，使其在学生管理中重视通识教育

的意义，正确引导学生。

④完善课程设置，提高教学质量。首先，要对各门通识课程展开全面深入的科学规划、审议、评估，落实完善教务系统中的课程信息（包括授课教师、课程目标、课程内容、修课方式、上课时间等），对于课程的增设和停设开展深入讨论，对课程内容进行合理设定；其次，规范通识课程管理程序，使课程无论从领域划分还是教学内容上都体现出通识教育的理念；再次，创新通识教育授课方式，尝试系列主题讲座、学术沙龙等方式；最后，可以在教学质量评估调查中增设主观性问题，收集学生的上课感受及相关建议，在统计整理包括学生、同事、行政、自我多方评估建议的基础上，出版正式刊物，供学生选课和教师提升参考。

⑤在保证教学连续性、提高教学效果的基础上合理安排上课时间，并督促教师严格执行，避免出现教师私自增加每次课程时长以缩短总次数而影响教学质量的情况。

⑥完善通识课程教师管理方式，改变现有打击老师积极性的相关做法。

出台相关政策，鼓励更多经验丰富的优秀教师主动开设通识课程。在原有课程设置的基础上，结合通识教育理念与学校目标定位，鼓励化工、材料等学院优秀教师开设交叉学科课程。考虑通识课程开设的时间因素，设定出取消"课时费与选课人数相挂钩"的例外情况，以避免教师出现负面情绪，影响授课效果及课程设置。

⑦与其他高校开展交流合作，学习他人的成功经验、推广自身的已有成果。利用各校优势，进一步开展通识课程跨校选修工作。

（三）加强教师队伍建设

教师是提高教育质量的关键，教师的治学精神、人生态度和人格品行将会对所开设课程及对学生本身产生或多或少的影响，为进一步提高通识教育教学效果，必须十分重视相关授课教师队伍的建设，不仅要求专业知识、具备专业素养，更要要求具备人文素养、道德品行。

目前教师的进修一般是个人的学位进修，因此学校应该鼓励、并提供机会让教师进行教学内容与方法上的进修，结合教授内容采用相应的效果较好授课方式，改变原来的以基础理论介绍为主线的教学方式，引入以问题或研究方法为主线的教学方式。另外，还要强调教师的教学与科研并重，一般的通识课程教师科研工作不必过多，但一定要有，通过科研直观展示自己的研究领域及成果，使学生"敬之重之"之后，通识教育更易于成功。

（四）改革考核方式

考核不是课程设置的最终目的，但却可以有效地辅助提高授课效果、督促学生进行主动的学习。所以，不同考核方式最终也会不同程度地影响学生的学习质量。目前，A大学通识教育的考核方式以点名、结业心得为主，这种方式难以有效地激发学生的积极性、主动性，因此在一定程度上还需要改革考核方式。

首先，应该明确考核的目的，结合通识教育理念，宜将其定位为引导学生提高个人修养、学习能力等内容上，增强学生对通识教育的认同感。其次，考核的内容应该具有一定的灵活性，着重考察其通过课程学习所习得的思考方式、分析解决问题的能力。具体而言，可以结合社会热点、学科前沿问题，通过辩论、PPT 展示等多种方式来分享心得体会。

再次，要将考核平时化，安排课堂讨论、小组展示等环节，以督促学生提高上课效果、加强日常学习，形成良好的学习风气，从而使课程内容真正内化为其掌握的知识能力。

最后，可以考虑将现行的成绩评定方式改为等级评分制度，但并不具体规定每等级的比例，从而督促学生勤奋学习，促进其在知识结构上求"通"、求"博"。

（五）加强校园文化建设

工科院校通常关注较多的实验的突破、新技术的攻关等，学生忙于实验的时间过长，很少有机会参加丰富多彩的校园文化活动。我们通过调查也发现工科院校校园文化活动中几乎或很少有对这些关乎人生发展方向、生命的意义等精神层面内容的探索，那种帮助学生树立正确的人生价值、捍卫生命意义的校园文化更是越来越少。哈佛大学前校长博克曾指出，今日的大学教育已经远远扩大到了正常的课程教学以外，"课外活动，不仅被看成是娱乐的场所，而且被看成是本科生学习相互合作、学习为同伴谋福利的理想的组织形式"①。将校园文化建设与课程教学改进结合起来，无疑可以推动通识教育的更好施行。具体而言，校园文化包括艺术、哲学、科技等方面的学术与成就、体育娱乐活动、各种校园文教设施等方方面面，它在物质层面上有利于锻炼提供学生的生活能力，在精神层面上又

---

① 德里克·博克. 乔佳义编译. 美国高等教育 [M]. 北京：北京师范大学出版社，1991（1）：40.

可有利于提升学生们思想道德境界、培养正确的生活态度。所以，关注校园生活、丰富文教设施、建设良好校园文化，无疑会对学生产生潜移默化但又深远的影响。

第二节　中外大学通识教育之异同点简析

1949 年后，受苏联繁荣的经济面貌和政治实力的感染，又因为在国情上的相似性，中国在政治、经济、文化等多方面都积极学习苏联的先进经验，受到苏联的诸多影响。但是在通识教育方面，中俄两国在发展历程、教育体系和文化传统上都存在着较大差异。本节将重点论述中俄两国在通识教育上的异同。

一、俄罗斯和中国通识教育的差异
（一）中俄两国大学通识教育发展历程之差异

在苏联方面，苏联高等教育曾在世界范围内拥有举足轻重的地位，尤其对新中国成立以来的高等教育产生过巨大影响。重视自然科学，重视培养科技人才，一直是苏联教育引以为豪的优势。但与此同时，苏联高等教育的不足也比较明显。过分单一地追求职业培训，经济的停滞以及教育体制的专制化、军事化等因素不仅形成了单一的技术教育思维，阻碍了师生创造性思维的发展，而且在某种程度上损害了共同精神和文化的发展。

20 世纪 80 年代，苏联已经意识到高等教育存在的不足并试图进行改革，并于1984年、1986年分别颁布了《改革普通教育学校和职业学校的基本方针》《苏联高等和中等专业教育改革的基本方针》等文件，酝酿一场整体性的教育改革方案，但终因国势衰微，未能如愿。

俄罗斯独立以后，高等教育也经历了痛苦的转型。俄罗斯从签署《博洛尼亚宣言》开始，就把加入欧洲教育一体化项目作为高等教育改革的目标和发展战略。同世界其他国家教育改革一样，"博洛尼亚改革"不仅仅是俄罗斯政府主导的战略选择，更多的是从大学自身倡导和社会参与的自下而上的全方位的高等教育改革，并逐步实施学分制。

1996年，俄罗斯颁布了《俄罗斯高等职业及大学后职业教育法》（相当于我国的《高等教育法》），提出了高等教育的基本任务："①满足个体在智力、文化和道德发展方面的需求；②通过科学研究、师生的创造活动发展科学和艺术，并把所取得的结果运用到教育过程中；③培养、培训、提高具有高等教育的人才和有高等技能的科研教学人员；④使学习者具有公民意识，具有在当代文明和民主条件下从事劳动和生活的能力；⑤保存并提升社会的道德、文化和科研价值。⑥为居民普及知识，提高他们的教育和文化水平。"①

俄罗斯教育改革的主要方向是针对人的，关注的是受教育者的精神。"一切改革的中心应该是围绕人而进行的，人的价值、人的尊严得到重视，人道主义活动成为必须。"俄罗斯学界认为："高等教

---

① 俄罗斯教育网. 俄罗斯高等职业及大学后职业教育法［EB/OL］. 俄罗斯教育官网，2016－09－20.

育对于个人而言有两个作用：一是作为个性自我实现、自我表现和自我肯定的手段；二是作为在市场经济条件下求得稳定、自我保护和调节的手段，作为个人的能力、资本，将在劳动市场上得到发挥。"①

　　人文教育的本质首先是在理解文化和文明历史、所有人类遗产的基础上形成的大学生思维素质、创造能力。大学应该培养永远自我发展、自我完善的专家。为了达到这个目标，俄罗斯高校实行通识教育，在教育中加入关于人和社会的基础知识，与唯科学主义和技术统治势力斗争。

　　鉴于历史、文化传统和教育体制的不同，中俄两国大学实施通识教育也有所不同。中国通识教育具有里程碑意义的发展始于 20 世纪 90 年代。1994 年，中国教育部提出要加强对学生的素质教育，注重对学生创新能力的培养和个性发展，于是，中国高校则开始推广和实施文化素质教育。从 1995 年开始，中国 52 所大学开展了"文化素质教育"，后来，在文化素质教育的基础上，又逐渐转变为通识教育，以西方的博雅教育理念，结合中国的文化与国情，培养文理交叉、才德兼备、具有创新意识、批判精神、社会责任和完整人格的公民。1998 年，中国教育部成立了高等学校文化素质教育指导委员会，并于 1999 年建立了 32 个国家大学生文化素质教育基地，正式开始关注全国高校大学生的文化素质培养。2006 年，教育部又批准成立了第二批国家大学生文化素质教育基地，一共有 61 个，覆盖

---

① 　俄罗斯教育网. 俄罗斯高等职业及大学后职业教育法［EB/OL］. 俄罗斯教育官网，2016 – 09 – 20.

了 104 所大学。根据教育部的文件，文化素质教育，其中文化素质是基础，而文化素质教育主要是指人文素质教育。中国很多高校都提出了通识教育或者博雅教育改革与发展的方案并将其具体落实在教学改革中。比如北京大学、清华大学、中国人民大学、南京大学、浙江大学、西安交通大学以及复旦大学等都实施了比较规范的通识教育课程。

（二）中俄两国大学通识教育体系的差异

俄罗斯高等教育处于转轨阶段时，出现了两种体系并存的情况。一是俄罗斯传统的 5 年制专家培养体系；二是教育改革之后的 "4 + 2" 阶段。无论是学士培养标准，还是硕士培养标准，课程都由四大单元组成：第一单元包括公共的人文和社会、经济课程，第二单元包括公共的数学和自然科学课程，第三单元包括公共的专业课程，第四单元包括专业课程。另外，学校还开设选修课程。通识教育主要通过第一、第二单元实施。

俄罗斯人文社会科学不仅科目开设齐全，而且所占课时比重也很大。以哲学和数学专业为例，人文总学时都为 1800 个学时，占四年制哲学专业 7256 个总学时的 24.8%，占数学专业 7560 个总学时的 23.8%。俄罗斯国家教育标准具有法律效力，要求所有院校必须认真贯彻，开足开齐所规定的各门课程，从而保证通识教育的落实。

与此相对，中国的通识教育模式主要分为三种，分别是分阶段模式、通选课分模块模式和核心课程模式。

第一种，分阶段模式也叫 "1 + 3" 模式或者 "2 + 2" 模式，是将本科生教育分为两个阶段，第一阶段为通识教育或普通教育阶段，第二阶段为专修阶段。这一类教学模式是在借鉴国外大学住宿学院做法和中国书院文化传统的基础上构建起来的与教学改革相适应的全新的学生管理体制。如复旦大学的"复旦学院"、北京大学的"元培实验班"、浙江大学的"竺可桢学院"、南京大学的"匡亚明学院"等都是如此。

复旦大学非常重视人文通识教育，他们曾经发起过一场大讨论，师生共同探讨推行人文通识教育的意义以及如何才能以最合理的方式推行人文通识教育：这种大规模的讨论使得人文通识教育的理念逐步深入人心，先从外部角度创造一个有利的大环境、大氛围——经过反复论证，最后确定了"1＋3"模式。每年的本科新生进校后，不按专业组建班级，而是进入复旦学院共同学习通识的核心课程和专业基础课，一年或两年后再进入专业院系学习。这种模式强调大理科、大文科观念，关注所有学生的需求，为所有学生的成长平等地创造机会。学生们可以通过文理通识的通修课程、大理科、大文科平台课程，以及学科群模块课程、专业课程和自主选修课程的学习，在多次选择、逐步到位的机制中接受全面的学科与人文素质教育。

北京大学元培实验班实行学分制。元培实验班的学生实行弹性学制。学生可在导师指导下根据自己的情况安排3—5年的学习计划。学生在学习期间可以得到来自文理科各院系资深教授组成的学生学习指导委员会的全程指导。指导内容包括选择课程、选择专业、学习内容及学习方法等。学生完成公共基础课、通识教育选修课及所选专业教学计划设置的科目修满规定的学分即可毕业。元培实验班的学生低年级通识教育内容主要为：全校公共课（英语、政治、体育、计算机）、通选课（数学与自然科学、社会科学、哲学与心理学、历史学、语言学文学与艺术共五个领域）、基础课（理科：高等数学、物理学、化学和生物学；文科：高等数学、人文和社会科学）。高年级实行宽口径专业教育，即学生在有关院系进行专业学习，修学各院系专门为"元培计划"规定的专业基础课和任意选修课。

浙江大学竺可桢学院实行开放式办学和"自主进出入制"。前期培养阶段，其他院系的优秀学生经考核后可以进入竺可桢学院学习，而一定比例的不适应竺可桢学院教学模式的学生可以选择进入其他学院学习。这样的弹性制度，是对学生学习兴趣、能力的人性化考虑，也是对教育规律的尊重。学生进入竺可桢学院后，不分专业，先在文、理、工三大类平台上进行通识课程和基础课程的前期培养。在第二学期，根据自己的兴趣和特长确认主修专业，并进入后期培养阶段，同时实行本科生专业导师制。其中一些优秀学生可按照本科生教育特别培养基本框架进行培养以在各专业普通通道和长学制、双专业、双学位等多通道多规格发展途径之间进行选择。

南京大学匡亚明学院实施"以重点学科为依托，按学科群打基础，以一级学科方向分流，贯通本科和研究生教育"的模式，培养立志献身基础学科研究和教育事业的优秀人才。学院推行通识教育，在人文科学类、应用文科类、数理科学类等大学科类实施多学科、宽口径教学模式。

第二种是通选课分模块模式。

这种模式是将原有的公共选修课（或公共必修课）更名为通识教育选修课（简称"通选课"），并将这些课程按照学科特点划分为若干模块，如"人文科学""社会科学""自然科学""身心修养"等。要求所有学生必须按人才培养方案修读完相关通选课并修满学分，方准予毕业。学校只对不同模块做出原则性的学分要求，具体课程由学生根据个人兴趣自主选择。学校以跨学科、跨专业、培养人文素养与科学素养为原则，倡导学生选修前沿性、知识信息量大的通选课，并要求不能与本人已经修读过并获得学分的课程重复。

这种模式基本不触动现有的教学体系，操作起来比较方便，因此成为目前国内高校采用最普遍的模式。这种模式与原来的教学模式区别不大，依然将专业课程定为必修，作为基础课程或核心课程，而将通识课程作为选修，只是将原来看似杂乱的选修课按照门类重新进行较为系统的规划而已。

第三种是核心课程模式。

这种模式是模仿美国大学的通识教育体制，将所有课程规划为若干领域，每个领域中开设相关的数门不同主题的课程，学生按照规定在每一类课程中选修自己感兴趣的一门或两门课程，进而完成对该领域课程的学习。比如山东大学采用的是"3 层次 7 模块"的通识教育基本模式：其中，3 个层次是指整个通识教育课程体系包含通识教育必修课程、通识教育核心课程、通识教育选修课程，7 个模块是指通识教育核心课程的模块，包括"国学修养""创新创业""艺术审美""人文学科""社会科学""自然科学"和"工程技术"。

核心课程的实施有一定条件的限制，成本较高。开设这类课程要求有能力胜任通识课程教学的教师，同时对学生也有一定的要求。核心课程比较适合于学生知识背景同质性高，以及智力水准较高的院校。核心课程的优点在于可以融合不同领域的学术内容，让学生获得整体性知识。但是，在现有教育体制下，学分制与学年制往往搅和在一起，因此，学生要真正做到完全自由地选课依然存在较大困难。

（三）国家层面的指导与重视程度不同

就国家层面而言，俄罗斯高等教育体系对于通识教育的定义不明确。有关通识教育的观念，比如学习的领域和范围、学生对主要专业的选择以及跨学科的合作等都面临一些挑战，这些挑战来自俄罗斯高等教育体系将高等教育的角色狭隘地定义为创新和现代化发展。俄罗斯政府以及高等教育管理部门的管理者在谈到创新与现代化发展的需要时，往往指向一个狭义定义的高等教育，即在科技领域获得高端发展，并以此来提高国家的经济实力。就某种程度而言，当俄罗斯投入大量的资金来扩展高校，并出于政治和意识形态的考虑在财政上对技术类高校给予更多支持时，这种观念又回到了苏联模式。俄罗斯教育管理部门将高校的功能和角色归于科技创新和现代化发展，因此，为了发展科技和提升现代化竞争实力，俄罗斯高校缩小了课程范围，并减少了人文和社会科学类的内容。与此同时，那些著名的研究型大学获得了大量的政府资金补助，到 2010 年，12所研究型大学得到政府的特别补助，其中 11 所是以自然科学为主的研究型大学，而只有一所是以社会科学为主的研究型大学。俄罗斯教育与科学部2008年宣布，未来新建立的29所研究型大学也将以科技创新和发展为主要目标。除了在科技方面对高校投入大量资金之外，俄罗斯政府和教育与科学部对商业和管理领域也投入了数量可观的资金。2010年，俄罗斯政府和教育与科学部对位于莫斯科外的斯库尔库夫（skolkovo）创新中心投入巨资，这座类似于大学城的创新中心主要的研究领域仍然集中在科技领域。

在中国，对于通识教育无论是从课程模式还是从课程内容都已经进行了很多次积极的改革和实践，始终以为所有的学生提供较为完整的课程和具有连贯性的教育经验，着重培养学生探究问题的态度和解决问题的能力，发展学生全面的人格素质与广阔的知识视野，帮助学生认识和了解当代社会的重要课题，使学生成为积极参与社会生活和对社会有责任感的公民为目标，坚定不移的发展适合中国学生的通识教育。

二、中俄两国大学通识教育的相同点

（一）相似的通识教育方向决策机构

俄罗斯高校的通识教育主要通过国家制定的教育标准来保证施行。新一代的教育标准是由原俄罗斯教育部、俄罗斯教育科学院及各专业委员会联合制定的，从2000年开始逐步颁布实施，其中仅高校的课程标准就达到580个。到2005年，又进行了新一轮的教育标准的制定与修订，陆续出台了新的方案，但以通识教育为核心的总体框架未变。

在通识教育方向决策的问题上，中国同样也是需要中央教育部对此事进行讨论，最终得出好的方案和规划，上传下达给各部门，由各部门执行落实。在这一点上中俄两国比较一致。在通识教育的培养目标来看，俄罗斯和中国对通识教育的培养目标基本都是让学生在进入专业领域学习之前，能对人文、社会以及自然科学等具有基本的了解和认识，并且拓宽学生在这些领域的知识面，培养他们的创新思维和批判精神。

（二）不利于通识教育发展的因素也比较相似

通识教育在俄罗斯和中国难以得到全面发展主要是受到观念、制度和社会的影响。而这三方面的因素在俄罗斯和中国表现出了高度的相似性。

首先，关于俄罗斯通识教育观念方面的挑战来自社会各界。大学教育机构和市场（以及学生家长）都低估了四年制本科教育，视之为不完整高等教育。本科教育中的通识教育面临着双重挑战：提供本科教育但是却不像传统的学院那样提供专业的培训；选择本科通识教育的毕业生在申请硕士研究生的时候往往会受到专业的局限，这也导致许多学生不愿意选择通识教育，选择通识教育专业的学生被认为缺乏竞争力。虽然俄罗斯高等教育努力与国际接轨，但是通识教育发展面临的处境以及在申请更高级的学位时面临的一系列问题仍然是实施通识教育的一大挑战。同样，由于经济和政策的原因，学生和家长需要支付一定的学杂费用，因此他们需要选择一个能够帮助他们获得稳定和高收入的工作的专业，而通识教育就短期来看，也许并不能帮助他们实现这一目标，因此，很多学生和家长都不愿意去冒险选择一个未来发展不明确或者收入不高的专业，充分体现出了接受高等教育的功利性。

在中国，中国家长们也往往只注重孩子的成绩，却忽略了孩子综合素质的发展。今天的青少年大部分来自独生子女家庭，社会的变迁，家庭结构模式的影响都会对青少年学生的成长带来积极或消极影响，比如过分重视学科成绩而忽略了孩子们心灵和情感的需要。学校一方面要完成教学计划、大纲、教科书等的要求，应付各种严格的考试，追求考试分数；教师们也要花费大量的精力、时间去面对教育体制，因而在不知不觉中让学生们只是单一和被动地接受知识，而正是这种灌输式教育束缚了博雅教育在学校中的实施与发展。

其次，在制度方面，俄罗斯通识教育发展面临的制度方面的挑战是高校与国家的紧密联系。从沙皇时代至今，政府与教育事业紧密相连。大学通常由国家建立并且在经济上也依赖于政府的补助，高校也习惯了政府的掌控与指导。正如大多数欧洲大学一样，俄罗斯的大学包括不同的院系，每所院系隶属于大学，但是院系之间相互独立，互不干涉。每一所学院由院长直接管理，院长的权限涉及资金的分配和运作、课程改革以及教职员工的招聘和任命。由于每所院系都有自己优先考虑的专业和课程，只注重自己院系的特长专业发展，不愿意增加跨学科的教学与研究，所以在一定程度上束缚了博雅教育在各院系的发展。就俄罗斯当前的教育体制而言，学生在不同的院系之间上课或者修学分是一个尚未解决的难题，各自独立的院系不愿意承认别的院系的学分，因此学生对跨学科学习的积极性就慢慢消失了。

同时通识教育面对的另外一个制度方面的挑战是由于受到洪堡（Humboldt）和苏联教育体系的影响，俄罗斯高等教育仍然倾向于五年的"专业"（specialist）学位。至 2007 年，超过 85% 的本科毕业生继续攻读专业学位，其中 10% 的毕业生攻读六年的硕士学位，只有不到 5% 的毕业生参加工作。2000 年初，俄罗斯教育与科学部开始讨论学位授予方法的改革，并且着手推广四年制本科以及两年制硕士的学位课程，但直到 2010 年才开始正式推行，而且很多大学并不热衷改革本校的学位授予规定。因此，对于新的四年制本科学位以及两年硕士学位是否能够获得更多大学的认同以及新的六年制本科与硕士学位是否能够代替传统的五年制仍然是一个未知数。无论结果如何，政府部门的经济资助政策将会产生很大的影响和作用，其结果就是大学的学位和课程改革必须按照政府的要求来做。

在中国，制度同样是困扰通识教育发展的因素之一，但其制度方面的问题主要表现在对教师的评估体系上。由于中国教师的职称评审、研究基金、薪酬待遇等方面在很大程度上取决于教师在核心期刊尤其是国际上的 SSCI 以及 SCI 期刊上的论文、科研成果以及获得的研究基金，尤其是研究型大学，注重科研、忽略教学的现象比比皆是，这导致教师比较关注自己的研究、论文发表、项目与基金申请等，可能在一定程度上不会主动按通识教育理念实施教学。相比而言，美国的高等院校以及本书中提到的一些国家和地区，对于教师职称、研究基金以及待遇的评审，除了关注教师的研究水平外，也非常看重教师的教学质量、师生互动、教师的敬业精神等。就中国高等教育的现状而言，在创建一流大学的目标推动下，量化指标占了很大的比例，成果效益直接或者间接导致了教师与学生之间的沟通减少，并影响了教学方法的创新。

最后是社会方面的影响。虽然近年来俄罗斯政府和教育与科学部针对社会各界和教育系统的腐败问题采取了很多防范措施，但令人遗憾的是，大学仍然是当今俄罗斯社会腐败的"温床"之一。腐败已经渗透了大学的各个领域，从入学招生到学生向教授出钱行贿买高分，从贪污研究资金到教职员工为了提升自己的头衔而进行非法的"黑箱"操作等。在一个腐败丛生的大学体系中，通识教育教导学生去更有效率地创造一个透明、具有批判意识和公民意识的社会的理念受到了很大阻碍。很多俄罗斯教育工作者都认为，腐败问题是目前影响俄罗斯教育水准和发展的一个巨大挑战。《世界大学新闻》在 2008 年指出，2001—2005 年，俄罗斯操作行贿的 30 亿美元腐败案件中，高校就占了将近 6 亿美元①，而且这一数据也得到了俄罗斯官方的承认。虽然俄罗斯政府和教育管理部门采取了不同的措施来预防和打击高校的腐败现象，比如采取统一标准的考试规则等，但是仍然没有杜绝高校层出不穷的腐败问题，这些腐败现象在很大程度上影响了俄罗斯通识教育的实施。

在这方面中国的情况并没有俄罗斯这么消极，但是相同的问题同样存在，不可忽视。因此如何控制腐败的现象，构建一个公平公正的教育体系也成了需要重视的内容。

---

① 俄罗斯教育官网. 俄罗斯腐败分析 [EB/OL]. 俄罗斯教育官网，2018 – 07 – 12.

第三节 全球大学通识教育发展的
未来趋势与展望

通识教育在全球的高校中逐渐受到重视，虽然各个国家发展的方式和程度各有不同，但总体来说，全球的大学都在开展通识教育的推广工作。让我们再来回顾一下对通识教育理念进行详细阐述的《哈佛通识教育红皮书》上对"通识教育"的明确定义："广义地说，教育可以被分为两个部分：通识教育和专业教育。通识教育并不是关于'一般'的知识（如果有这样的知识的话）的空泛的教育，也不是普及教育意义上的针对所有人的教育。它指学生整个教育中的一部分，该部分旨在培养学生成为一个负责任的公民。而'专业教育'这个术语，指的是旨在培养学生将来从事某种职业所需的能力的教育。此二者同为人的生活的两个方面，是不能完全分离的。"[1] 通识教育的目标是培养负责任的公民，是关注人本身的人性教育和人格养成教育，通识教育和专业教育并不是互相对立的两个概念，而是人的教育的两个方面。纵观各国通识教育的发展，很多高校的通识教育发展逐渐异化为培养学生职业能力的通才教育，是专业教育的补充。还有一些通识教育，有名无实，成为学生凑学分的无用的课程等。我们认为，通识教育未来的发展主要呈现出以下

---

[1] 哈佛委员会. 哈佛通识教育红皮书. 李曼丽，译. 北京：北京大学出版社，2010：39 – 40.

几个趋势。

一、大学通识教育要回归人本身

在市场经济主导下，大学教育逐渐走向"自我异化"的道路，大学通过教学与研究活动，逐渐转化成与大学之本质目的的对立物，在市场经济价值观的冲击下，大学不再以探索真理为最高目标，大学逐渐成为知识经济时代的创新育成工厂，是为市场经济的生产与再生产提供职业训练的教育。针对实用取向的发展，通识课程的教学内容与教学目标，必须回归受教育者的主体性的建立目标。所谓"通识教育"可以区分为两个层次：核心课程和一般课程。但是不论前者或后者，都直接或间接地与"建立人的主体性，以完成人之自我解放，并与人所生存之人文及自然环境建立互为主体性的关系"这项教育目标有关。我们可以说，通识教育就是一种建立人的主体性并与客观情境建立互为主体性关系的教育，也就是一种完成"人之觉醒"的教育。这种意义的通识教育必然都是以"心灵的觉醒"作为共同的基础，一个人只有发自心灵深处的觉醒，才能自觉地成为自己的主人，并负担起最后的责任。这种以受教育者的主体性之建构作为目标的大学通识教育，必然具有基本型、主体性、多元性、整合型与穿越性，而拓展学生通达宽广的视野，养成学生好学深思的习惯。

二、大学通识教育为"终身学习"奠基

展望 21 世纪，随着知识爆炸，人工智能的发展，相对于 20 世

纪"劳动力密集经济"或"资本密集经济",未来必然是一个"知识经济"的新时代。在这种新的经济生产与再生产的体系中,具有创新性的知识将居于产业升级的关键地位,劳动者也必须终其一生不断地充实新知。21世纪必然是一个"终身学习"的社会,21世纪通识教育的深化方向,就是奠定学生在完成建制化的学校教育之后"终身学习"的能力。从这个角度来看,现阶段许多高校通识教育教学内容可以进一步提升,提升方向至少有两个。第一,是经由对具体而特殊的素材的教学而提升学生的批判思考能力,所谓"具体而特殊的素材"是相对于上文所说的"形式主义的思维"而言的。我们可以规划一些课程,引导学生接触古今中外伟大而深刻的心灵如孔子、孟子、柏拉图以至于各个学术领域的经典作品,思考这些重要的著作所探索的具体问题,师生共同讨论可能的答案。第二,将现阶段停留在语文学习层次而强调语文运用能力(linguistic literacy)的本国及外国语文课程,提升到文化素养(culture literacy)的层次。就21世纪"知识经济"和"终身学习社会"的新时代而言,这种"文化素养"正是美国哲学家胡克所谓的"最低限度的不可或缺的教育"①。

三、大学通识教育要实现国际化与本土化的融合

全球化发展趋势是21世纪发展的主流,全球化在资讯科技快速发展以及世界各区域经济联盟逐渐形成之下,成为不可遏止的潮流,

---

① Sidney Hook," General Education: The Minimum Indispensables", in Sidney Hook et. al. eds., The Philosophy of the Curriculum: The Need for General Education (Buffalo: Prometheus Books, 1975), pp. 27 – 36

并对世界各国高等教育带来巨大冲击。全球化的重要趋势就是世界各地趋同化，这种趋同化的实质则是西方强势国家对非西方国家的支配。在大学教育领域中，英语作为学术的通用语及其衍生的文化霸权，特别值得非西方国家的知识分子审慎思考。以亚洲为例，长期以来，亚洲国家的大学教育所传递的基本上都是近代西方的主流价值观和世界观。第二次世界大战以后，全球化趋势更是使亚洲国家的大学教育和亚洲的文化传统渐行渐远，使得现在愈来愈多的青年成为"无根的一代"。因此大学通识教育应该重视本土先贤的经典著作研读和讨论，引导学生亲近本土经典中的思想世界与价值世界，使学生在全球化浪潮中，找到价值的立足点，使他们在时代变局的狂风暴雨中立得定跟脚，不至于随波逐流，迷失方向。

四、大学通识教育的形式多样化

随着信息化社会的发展，电子信息设备的普及与不断更新，通识教育发展的形式将呈现出多元化、多样化的景象。通识教育必将走向通识课与专业课以及各类创新创业课程的相互融合，逐渐发展形成方式方法灵活，广泛开展启发式、讨论式、参与式教学，完善个性化的人才培养方案。此外，教学方式的灵活性、教学内容的新颖性、与名师互动的即时性等使得"直播 + 通识教育"能够很好地迎合与创新创业有机融合的理念、智慧教育精简管理流程（如烦琐的设备招标、经费报销等）的理念，提高教育管理业务系统的运行效率，为教育"减负"，实现绿色高效的发展。因此学校可以鼓励并支持教师以直播形式进行通识课程教学，充分发挥优秀教师的优势，实现均衡配置师资，并调动学生的积极性。未来随着技术和资本市场化运作的推进，各类教育应用将会日趋成熟，通识教育课堂的发展也会越来越多样化。

结　语

　　正如哈佛大学的核心课程理念所体现的那样，高等教育应该由通识教育与专业教育这两部分组成。通识教育的目的在于培养有社会责任感的人和公民，专业教育的目的在于培养学生具备从事一定职业的能力，二者有区别但不可分割或对立。学者查尔斯·弗兰克（Charles Frankel）认为，接受过核心课程的教育，可以使你对生活有多维度的理解，你不会对事件仅仅做出被动的反应，也不会仅仅只从个人的角度去关心它们，至少你可以把自己的命运看作是人类环境和人类命运的反映。[①] 这就是核心课程的理念。也就是说，通识教育不在于让学生掌握基础知识，而是要让学生掌握学科之间的联系，最后能将自己学到的知识与技能应用到实际生活中去。

　　曾几何时，苏联的通识教育课程带有浓郁的政治色彩，教育与文化严重地割裂开来。20世纪90年代以来，尤其是2005年以

---

　　① 哈佛委员会. 哈佛通识教育红皮书［M］. 李曼丽，译. 北京：北京大学出版社，2010：211.

来，现代俄罗斯社会在经济、政治、文化领域，在社会与个人、社会与国家关系方面都发生了重大转变。其中一个重要的变化就是更加注重学生的个性化、创造性和自我创造的发展。人文化、人道化等概念也渗透到了俄罗斯的高等教育领域中。以人文教育为核心的通识教育得到了加强，其重点是拓宽基础、文理通融。高校中的通识教育对于克服其在专家培养方面的片面性和不连续性，拓展学生的文化视野等方面具有非常重要的意义。2005 年进行的教育标准的制定与修订，教育标准中均体现了对通识教育的重视。其课程主要由四个单元构成：第一单元包括公共的人文和社会—经济课程，第二单元包括公共的数学和自然科学课程，第三单元包括公共的专业课程，第四单元包括专业课程。通识教育主要在前两个单元来完成和实施。近年来，俄罗斯的通识教育逐渐呈现出重视基础课程、更加人文化倾向等特点。

1949 年后，我国对苏联的高等教育加以参考与借鉴，相当长一段时间内，我国实施了过度的专业化教育，因而我国的高等教育课程体系虽然在此后的一段时间又进行了多次的改革与调整，但是，依然保留着苏联高等教育影响的痕迹。我国高校的通识教育起步比较晚，改革开放以来尤其是 20 世纪 90 年代以来才得到了真正的恢复和发展。1995 年以来，随着文化素质教育的提出和推广，具有中国特色的通识教育逐渐形成，我国高校的通识教育进入了一个崭新的发展阶段，教育部分两批，先后设立了 157 所"大学生文化素质教育试点院校"，批准建立了 93 个"国家大学生文化素质教育基地"，有力地推动了我国高校文化素质教育和通识教育实践的发展；历经了 2000—2010 年十年的深入发展，我国高校的通识教育已经逐渐走向成熟，并于 2011 年成立了中国高等教育学会大学素质教育研究分会，拥有了独立的学术研究组织。

回首往昔，我国高校的课程体系正是经历了这样一个艰难地探索过程，从全盘学习苏联，再到审视苏联的高等教育，改革开放以来，尤其是 20 世纪 90 年代中期以来对我国高校通识教育课程体系的探索和反思，大胆提出文化素质教育的理念，逐渐形成具有中国特色的通识教育课程体系，设立 157 所试点院校，93 个素质教育基地，2011 年成立了大学素质教育研究会是一个独立的学术研究组织……具有中国特色的高校通识教育正走在发展与成熟的路上。

2005 年以来，俄罗斯的高校通识教育所呈现出来的特点是更加人文化的倾向，而我国也正是在"文化素质教育"的理念下，大力推进通识教育，也是加强通识教育的人文化，加强教育与文化之间的联系。我国高校的通识教育正是顺应了世界高等教育发展的潮流，结合了本国的国情，逐渐形成具有中国特色的通识教育体系。

参考文献

一、中文部分

（一）中文著作

［1］阿什比. 科技发达时代的大学教育［M］. 北京：人民教育出版社，1983.

［2］北京航空航天大学通识教育课程建设委员会. 北京航空航天大学通识教育白皮书［M］. 北京：北京大学出版社，2015.

［3］北京航空航天大学通识教育课程建设委员会. 北京航空航天大学通识教育白皮书——通识核心课程体系［M］. 北京：北京大学出版社，2015.

［4］北京航空航天大学通识教育课程建设委员会. 北京航空航天大学通识教育白皮书——通识教育与专业教育［M］. 北京：北京大学出版社，2015.

［5］陈宝泉. 陈宝泉教育论著选［M］. 北京：人民教育出版社，1996.

［6］陈向明. 大学通识教育模式的探索——以北京大学元培计划为例［M］. 北京：教育科学出版社，2008.

［7］德里克·博克. 乔佳义编译. 美国高等教育［M］. 北京：北京师范大学出版社，1991.

［8］冯惠敏. 中国现代大学通识教育［M］. 武汉：武汉大学出版社，2004.

［9］高全喜. 北京航空航天大学通识教育白皮书——通识教育与北航实践［M］. 北京：北京大学出版社，2015.

［10］哈佛委员会. 哈佛通识教育红皮书［M］，李曼丽，译. 北京：北京大学出版社，2010.

［11］贺国庆，王保星，朱文富. 外国高等教育史［M］. 北京：人民教育出版社，2003.

［12］怀特海. 现代西方资产阶级教育思想流派论著选［M］. 北京：人民教育出版社，1996.

［13］黄俊杰. 大学通识教育的理念与实践［M］. 台北：台北通识教育学会，1993.

［14］李曼丽. 通识教育——一种大学教育观［M］. 北京：清华大学出版社，1999.

［15］李亚梅，罗鹏飞. 北京航空航天大学通识教育白皮书——目标相通，理念相融，通识教育背景下的书院制探索［M］. 北京：北京大学出版社，2015.

［16］李引进. 通识教育的裂变与重建［M］. 上海：上海交通大学出版社，2017.

［17］曲士培. 中国大学教育发展史［M］. 北京：北京大学出版社，2006.

［18］沈文钦. 西方博雅教育思想的起源、发展和现代转型：概念史的视角［M］. 广州：广东高等教育出版社，2011.

［19］隋晓荻. 中国通识教育的思想与实践［M］. 北京：中国出版集团，2014（7）.

［20］徐志强. 哈佛大学通识教育课程改革研究［M］. 北京：中国社会科学出版社，2015.

［21］杨福家等. 博雅教育［M］. 3 版. 上海：复旦大学出版社，2015.

［22］约翰·亨利·纽曼：大学的理想（节本）［M］. 徐辉，顾建新，译. 杭州：浙江教育出版社，2001.

［23］翟志勇. 北京航空航天大学通识教育白皮书——关于北航通识教育的思考［M］. 北京：北京大学出版社，2015.

［24］中央教育科学研究所比较教育研究室. 六国高等教育结构［M］. 贵阳：贵州人民出版社，1988.

［25］周常明. 牛津大学史［M］. 上海：上海交通大学出版社，2012.

（二）中文期刊

［1］别敦荣，蒋馨试. 牛津大学的发展历程、教育理念及其启示［J］. 复旦教育论坛，2011（2）：72－77.

［2］蔡元培. 我在北京大学的经历［J］. 东方杂志，1934，34（1）.

［3］陈晖，汤海旸，谭芸. 浙江大学通识教育课程实践探索［J］. 学校之窗·教育实践，2014（9）.

［4］陈庆祝，王玉. 香港高校人才培养模式考察及启示——以香港理工大学为例［J］. 高教探索，2014（1）：106－107.

［5］陈向明. 大学本科通识教育实践研究［J］. 大学研究与评价，2008（4）：81－88.

［6］陈秀平. 刘拓. 通识教育与专业教育［J］. 理论学习与探索，2001（1）.

［7］程宏云. 美国大学通识教育理念的嬗变与实践探索［J］. 安徽广播电视台学报，2016（2）：87－90.

［8］冯惠敏. 梅贻琦的通识教育观及其对当代教育的启示［J］. 黑龙江高教研究，2003（4）：17－19.

［9］葛宇宁. 论大学通识教育与逻辑教育［J］. 教育评论，2016（9）：29－33.

［10］韩骅. 俄苏高等教育与社会变迁［J］. 高等教育研究，1995（4）：92.

［11］黄进. 将通识教育与专业教育结合起来［J］. 中国高等教育，2004（12）.

［12］贾宏宇. 对我国大学通识教育的反思研究［J］. 当代教育实践与教学研究，2016（1）.

［13］姜丽娟. 当前中国和俄罗斯高校课程改革的比较研究［J］. 黑龙江社会科学，2009（3）.

［14］金娟琴，谢桂红，陈劲. 陆国栋. 浙江大学通识核心课程

建设的探索与实践［J］．中国大学教学，2012（8）．

［15］李曼丽．北京大学通识教育的现状与分析［J］．中国高等教育评估，2002（2）：49–53．

［16］李曼丽．汪永铨．关于"通识教育"概念内涵的讨论［J］．清华大学教育研究，1999（1）：99–104．

［17］李雅．论经典阅读在大学通识教育中的作用［J］．高校图书馆工作，2017（178）：14–18．

［18］刘菊青．大学通识教育内涵的层次建构［J］．中国成人教育，2016（5）：27–30．

［19］刘爽．日本九州大学通识教育的改革实践和现状［J］．亚太教育，2016（29）：121–123．

［20］鲁洁．通识教育与人格陶冶［J］．教育研究，1997（4）．

［21］梅汉成．俄罗斯高等学校大力推行通识教育［J］．中国大学教育，2007（7）．

［22］倪东．基于课程视角的美国大学通识教育对我国高校的启示［J］．法治与社会，2017（4）．228．

［23］庞海芍，郇秀红．中国高校通识教育：回顾与展望［J］．高校教育管理，2016（1）：14–15．

［24］沈文钦．赫钦斯与芝加哥大学的通识教育改革［J］．比较教育研究，2006（4）．

［25］施林森．国内一流大学通识教育课程本土化初期的问题及对策——基于南京大学的个案分析［J］．福建师范大学学报（哲学社会科学版），2016（5）：151–156．

［26］孙晓玲. 融通广度和深度的全人教育——香港理工大学通识教育及其启示［J］. 中国职业技术教育，2011（6）：68－69.

［27］唐建军，吴敏，陈欣，史锋. 浙江大学生命科学通识课程开设讨论课的探索［J］. 高校生物学教学研究，2014.04（1）：12－16.

［28］王洪才，解德渤. 中国通识教育 20 年：进展、困境与出路［J］. 厦门大学学报（哲学社会科学版），2015（6）：21－24.

［29］王建设. 国内外 5 所研究型重点大学通识教育对比分析及经验启示［J］. 贵阳学院学报（社会科学版），2017（2）：78－83.

［30］吴守蓉，郭晓凤. 白石则彦. 日本东京大学通识教育路径探究——基于 PDCA 分析［J］. 中国高教研究，2016（10）：78－82.

［31］胥秋. 我国大学通识教育发展的问题与改进策略［J］. 江汉大学学报（社会科学版），2017（34）：112－115.

［32］杨春梅. 通识教育三论［J］. 江苏高教，2002（3）.

［33］殷冬玲. 英美大学通识教育目的与模式的比较及启示［J］. 扬州大学学报（高教研究版），2017（2）：9－12.

［34］俞学敏. 以中西文明谈论课程为统领打造"有灵魂的通识教育"体系——中国政法大学通识教育课程改革的实践与探索［J］. 中国大学教学，2017（3）：29－33.

［35］云淑芳. 日本京都大学与北京师范大学通识教育比较研究［J］. 北方文学（下半月），2012（8）：190.

［36］张百春. 文化学研究在俄罗斯［J］. 国外社会科学，

1998，（6）：16. 引自哲学问题，俄文版，1997（2）：10.

[37] 张凤娟."通识教育"在美国大学课程设置中的发展历程[J]. 教育发展研究，2003（9）：92－95.

[38] 张男星. 俄罗斯国家课程标准述评[J]. 课程·教材·教法，2005（6）：90－91.

[39] 张亚群，冯寅. 经典的价值——"大学通识教育联盟"四校的传统文化课程评析[J]. 深圳大学学报（人文社会科学版），2016（3）：148－155.

（三）学位论文

[1] 丛慧卉. 我国大学通识教育实施现状与对策分析[D]. 长春：吉林大学，2007.

[2] 付轶男. 社会转型进程中的俄罗斯高等教育课程改革——以课程目标和结构为中心[D]. 长春：东北师范大学，2004：28.

[3] 李志艳. 哈佛大学核心课程与北京大学通选课比较研究[D]. 长春：东北师范大学，2006.

[4] 林惠菁. 高等学校学科专业结构调整研究[D]. 厦门：厦门大学，2006：88.

[5] 欧阳霞. 通识教育在我国大学的地位变化问题[D]. 长沙：湖南师范大学，2011.

[6] 施晓伟. 我国大学通识教育现状与路径选择探析——以浙江大学为例[D]. 西安：陕西师范大学，2008.

[7] 孙增娟. 社会变迁与大学通识教育课程设置研究——以浙江大学为例[D]. 金华：浙江师范大学，2012.

［8］夏杉. 中美高校通识教育课程对比研究及其启示［D］. 长沙：湖南农业大学，2006.

二、外文部分

［1］В. Майер. управление воспитательным процессом через учебные дисциплины［J］. высшее образованиев России. 2007 （2）：16.

［2］А. С. Кравец. Гуманизация и гуманитаризация высшего образования［EB/OL］. http：//www. rciabc. vsu. ru/irex/pubs/kravets2. htm.

［3］弗拉基米尔·卡拉科夫斯基，德米特里·格里戈耶夫. 作为新一代自主思想研究的实科人文主义学校［J］. 国民教育，2007 （1）.

［4］В. Сенашенко，Г. Ткач. о структуре современного высшего образования［J］. высшееобразование в России，2004 （4）：20 – 21.

［5］В. Сенашенко、В. Халин、В. Кузнецова. о перечне направлений ВПО как составной частиГОС третьего поколения. высшее образование в России，2007（3）：26.

［6］В новой системе образования магистрами будут становиться только 30 – 50% бакалавров［EB/OL］. http：//www. vedu. ru. 2007 – 05 – 14.

［7］В. Сенашенко、В. Халин、В. Кузнецова. о перечне

направлений ВПО как составной части ГОС третьего поколения [J]. высшее образование в России, 2007 (3)：26.

［8］ Н. Розина. о разработке нового поколения государственных образовательных стандартов. высшее образование в России, 2007 (3)：4.

［9］Sidney Hook, "General Education：The Minimum Indispensables", in Sidney Hook et. al. eds., The Philosophy of the Curriculum：The Need for General Education (Buffalo：Prometheus Books, 1975), pp. 27 – 36

三、其他参考资料

［1］北京大学. 北京大学课程［EB/OL］. 北京大学官网, 2016 – 10 – 29.

［2］北京师范大学. 北师大本科教学改革全解读——2015 年版培养方案亮点梳理［EB/OL］. 北京师范大学官网, 2017 – 04 – 17.

［3］郭为藩. 通识教育的实施方式［A］//台湾清华大学通识教育研讨会论文集［C］. 新竹：台湾清华大学出版社, 1987：155 – 165.

［4］牛津大学. 英国牛津大学课程［EB/OL］. 英国牛津大学官网, 2018 – 02 – 04.

［5］香港理工大学. 香港理工大学课程［EB/OL］. 香港理工大学官网, 2016 – 09 – 16.

附录 1

A 大学关于开展 2017 年通识教育
核心课程立项的通知

各学院及有关部、处：

为贯彻学校第二次教育教学工作会议精神，深化本科教育教学改革，全面构建通识教育课程体系，推进本科教育从专业教育为主向专业教育和通识教育相结合转变，提高课程建设质量。学校决定启动通识教育核心课程立项建设工作。现将有关事宜通知如下：

一、建设目的和意义

通识教育是指面向不同学科背景学生开展的，着眼于学生的人格健全、能力提高和知识结构优化的教育。其目的是把学生培养成富有责任、主动发展、具有服务国家和社会能力的高素质人才。

通识教育核心课程建设是实施通识教育的重要举措，旨在从改革课程体系入手，拓宽通识教育的宽度和深度。按照模块设置，引导学生广泛涉猎不同学科领域的知识，完善知识结构，锻炼科学的思维方法，确立正确的价值观，培养其人文精神和科学精神，提高信息素养，提升创新思维能力、表达能力和终身学习能力。通过推进通识教育核心课程数字化资源建设，推动信息技术与教育教学的深度融合，培养学生在数字化环境中的信息素养，为终身学习打下坚实的基础。

二、通识教育核心课程定位及模块设置

根据第二次教育教学工作会精神，要加强通识教育师资队伍和课程基地建设，设立专职教授岗位负责通识课程建设，构建"六模块"通识教育核心课程体系。"六模块"指经典传承与哲学思辨、企业管理与法律素养、科技进步与信息素养、艺术修养与心理素质、创新创业思维与视野拓展、生态环境与工程安全等六大模块。

1. 经典传承与哲学思辨

主要涵盖哲学、历史、文学等学科领域，帮助学生了解历史知识和文化底蕴，学习哲学分析的方法，培养思辨能力和批判精神，使学生学会用历史的方法、以历史的眼光认识事物，开拓国际视野，提升学生语言运用能力和跨文化交流能力。

2. 企业管理与法律素养

主要涵盖经济、管理、法学等学科领域，使学生熟悉企业管理的基本原理和法律的一些基本知识，正确认识和处理企业管理中面临的问题，培养学生的管理思维和能力，树立法律意识和观念，帮助学生更好地融入社会、认识社会。

3. 科技进步与信息素养

主要涵盖理学、工学等学科领域，使学生认识自然科学与工程技术对于人类社会的重要性，学习信息技术及相关知识，了解重要

的科学事实、概念、原则和理论，理解科学的本质和科学方法，学会运用科学知识和思维方法处理问题，帮助学生提高信息素养和科技意识。

4. 艺术修养与心理素质

主要涵盖艺术、心理学等学科领域，学习艺术和心理相关知识，旨在引导学生探索人生的意义与多元价值，培养学生的艺术修养，提高心理素质，提升学生的鉴赏力、想象力、表现力、沟通和交流能力、学习能力，提高心性修养，达到身心健康、和谐发展的目的。

5. 创新创业思维与视野拓展

本模块属于交叉学科领域。通过学习创新创业的基础知识，了解创新创业教育发展的内在规律，掌握基本思维方式、相关技能方法，培养创新意识，培养学生学会学习，并且开拓视野，提升创新创业能力。

6. 生态环境与工程安全

本模块属于交叉学科领域。通过学习生态学、环境学、工程学、安全学等相关知识，增强环保意识和安全意识，提升环境监测、环境保护、工程管理的能力，实现"人与自然的和谐相处"。

三、通识教育核心课程立项的实施办法

（一）建设目标

通过立项，计划建设 100 门左右通识教育核心课程。每个学院至少建设 10 门，由学院依托学科优势和特色，按照相应模块鼓励高水平教师开设。2017 年 10 月—2018 年 9 月计划建设 20 门核心课程。

（二）建设要求

1. 课程设计。课程的教学目标、教学内容、教学方法符合通识教育理念和人才培养定位，重在启发思想、传授方法和培育精神，按照"少而精"教学原则，一门通识教育核心课程一般为1.5—2学分（24学时/学分），其中课程作业不得少于4次。

2. 课程团队。学校鼓励申报教师与校内外专家学者联合组建课程团队进行课程建设与开发，鼓励打破学院或学科界限，开设有特色的通识教育核心课程。课程负责人需有宽广的学术视野，丰富的本科教学经验，强烈的工作责任心，对通识教育有深刻认识和一定的实践经验，对所申报的课程有深入系统的把握，对研究前沿动态有敏锐的眼光，并善于深入浅出地讲解，保证课程既有深度又有新意和吸引力，启迪智慧。

3. 建设任务。立项建设的通识教育课程应在建设周期内完成如下建设任务：

（1）通识教育核心课程重在启发学生思维、传授方法，提升文化素养、培养科学精神以及创新思维。应贯彻"少而精"的教学原则，采用研讨式、启发式教学方法，引导学生树立正确的价值观、人生观和世界观。

（2）课程教学目的和内容的设计必须符合通识教育理念和目标，以专题讲授为主，不能以专业课程内容替代通识教育核心课程内容，要注重对专业、学科知识内容的分解、简化、提炼，而非讲授专门知识。

（3）应结合学生综合素质及能力的养成及学校特色开设新的通

识教育核心课程，鼓励跨学院、跨学科申报建设。

（4）立项课程应于2018年秋季学期开出，且每个春秋学期至少能够开出一个教学班次，其中通识教育核心课程项目负责人实际主讲课程时间不少于总学时的1/2。

（5）应有完善的课程教学大纲，遴选适合通识课程使用的教材，并根据需要编写出优质、适用的教材。

（6）应积极探索教学内容及体系改革，尝试采用新的教学方式方法和考核方式方法，不断提高教学水平，提高课程教学质量。团队教师要积极参与教学改革研究，撰写并发表高质量的教学研究论文1篇。

（7）建设数字化课程资源和使用先进教学手段，充分利用智慧教学系统，将信息化手段和教学内容深度融合。所有立项课程在一年建设期满后都要求实现数字化资源制作，并经公开课程平台认证上线，完成至少两期教学活动。在教学内容与资源、教学设计与方法、教学活动与指导、团队支持与服务、教学效果与影响等方面，坚持质量为本、注重共享应用、体现融合创新。鼓励、提倡运用课堂模拟、项目参与、社会实践等多种教学方法。利用信息技术，建设、使用好课程资源，推进信息技术与教育教学的融合。

（三）配套支持

学校鼓励高水平教授为本科生讲授通识教育核心课程。在岗位聘任时，计入教学工作业绩，与专业基础课和必修课同等对待。对优秀的授课教师在工作量计算、教改研究、教材建设等方面给予政策倾斜。对认定为通识教育核心课程的团队给予5000元建设经费。

（四）申报要求

1. 通识教育核心课程申请人一般应具有副高及以上专业技术职务，确有学术影响、教学水平得到公认的教师可适当放宽。鼓励高水平教师联合进行申报。

2. 申请人需填写并提交《A 大学课程教学大纲》（一份）、《A 大学通识教育核心课程建设立项申报书》（二份）纸质版及电子版交所在学院审核签署意见，由学院统一报至教务处教学科。

3. 立项申报工作以学院为单位进行。申报学院填写并提交《申报 2017 年通识教育核心课程汇总表》电子文档以及纸质盖章版 1 份。

四、工作要求

进行通识教育核心课程建设是推进学校第二次教育教学工作会议精神的重要工作，各单位务必高度重视，全员发动，将文件精神传到所有教师，指导教师按要求进行申报。

特此通知。

其他资料：

1. A 大学课程教学大纲（模板）

2. A 大学通识教育核心课程建设标准

3. A 大学通识教育核心课程建设立项申报书

4. 申报 2017 年通识教育核心课程汇总表

5. A 大学通识教育核心课程申报参考选题库

A 大学

2017 年 11 月 27 日

相关资料 1

A 大学《　　　　　　　　　》教学大纲

一、课程基本信息

课程代码 （已开设课程填写）							
课程信息 （仅新开课程填写）	所属 学科			知识 领域			
总学时		学分	理论 学时		实验 学时		实践 学时
课程中文名称							
课程英文名称							
适用专业							
开课学期	□ 春季学期　　　□ 秋季学期　　　□ 小学期						
预修课程（名称）							
并修课程（名称）							
课程简介	（约 300 字）						
建议教材	作者名；教材名（版次）；出版社；出版社所在地；出版年份						
参 考 书	（应该有外文参考书）						

二、课程教育目标

三、理论教学内容与要求

四、实践教学内容与要求

五、作业

六、考核方式

七、成绩评定

八、执笔人

相关资料 2

A 大学通识教育核心课程建设标准

一级指标	二级指标	主要建设点
教学 内容 (15 分)	1－1 课程目的	符合通识教育理念；引导学生广泛涉猎不同学科知识领域；增进学生对自身、社会、自然及其关系的理解；培养健全的人格、宽容的态度、开阔的视野、批判的思维、高度的社会责任感和人文关怀；以及追求真理的精神。
	1－2 课程定位	符合学校通识课程定位及模块设置；体现学校办学传统、优势与特色。
教学 团队 (15 分)	2－1 团队结构	课程负责人一般应具有副高及以上专业技术职务；具有一定学术影响和丰富的教学经验。教学团队具有合理的知识结构和年龄结构；团队成员必须能够独立承担课程教学工作。
	2－2 师资培养	团队教师责任感强、团结协作精神好；青年教师的培养计划科学合理；并取得实际效果；鼓励有实践背景的教师参与教学团队。
教学 改革 (30 分)	3－1 教学研究	教学思想活跃；教学改革有创意；积极参加教学研究并推动教学改革；承担有教改项目；撰写发表教研论文 1 篇。
	3－2 教学方法	注重以人为本；因材施教；启发心智。提倡阅读经典、深度讨论、思辨分析；训练多学科的研究方法及思维方式。鼓励运用多种教学手段；提高学生学习积极性。注重学习过程；探索科学的考核方式方法。
	3－3 教学信息化	充分使用现代教育技术及网络资源；在学校课程中心平台上开展线上线下混合式教学；提高学习效果。实现数字化资源制作；符合在线开放课程教学要求；并在未来 1—2 年内在公开课程平台上线 MOOC 课程。

一级指标	二级指标	主要建设点
教学资源 （20分）	4-1 基本资源	基本资源指能反映课程教学思想、教学内容、教学方法、教学过程的核心资源；包括课程介绍、教学大纲、教案或演示文稿、重点难点指导、作业、参考资料目录等反映教学活动必需的资源（基本资源按课程知识点建设）。
	4-2 教学视频	全程教学录像与知识点相匹配；课程内容完整；授课表述准确。录像布局合理；符合 MOOC 教学模式要求；体现课程特色；录像制作水平较高；图像、声音播放清晰流畅。
	4-3 教材建设	选用优秀教材；并编写出优质、适用的教材或内部讲义。
教学管理 （20分）	5-1 教学安排	每个学年至少能够开出一个教学班次；其中通识教育核心课程项目负责人实际主讲课程时间不少于总学时的1/2。
	5-2 教学效果	课程深受学生欢迎；选课学生多；开课班次多；学生评教和同行评教优秀。
	5-3 建设规划及推广价值	提出课程后续建设的方案与想法；至少可持续开课三年。课程具有示范辐射作用和推广价值；课程共享措施有力；未来能在其他高校推广。

相关资料 3

A 大学
通识教育核心课程建设立项申报书

课程名称：	
课程代码：	
所在单位：	
课程负责人：	

1. 课程基本信息

课程名称			课程代码	
课程信息	所属模块	□经典传承与哲学思辨　　□企业管理与法律素养 □科技进步与信息素养　　□术修养与心理素质 □创新创业思维与视野拓展　□生态环境与工程安全		

总学时		学分		理论学时		实验学时		上机学时	

课程中文名称	
课程英文名称	
适用专业	
开课学期	□ 春季学期　　　□ 秋季学期　　　□ 小学期
课程简介	（约300字）
建议教材	作者名；教材名（版次）；出版社；出版社所在地；出版年份
参 考 书	（应该有外文参考书）

2. 课程团队信息

	姓　名		性　别		职　称	
课程负责人	研究方向			年龄		
	电　话		电子邮箱			
	近三年授课情况	课程名称	学时	学分	开课学年、学期	

续表

	姓　名	单　位	职　称	年龄	现主讲课程
团队成员					

课程负责人及教学团队情况	近两年开设课程的学生评价情况 （2）主持的教学研究课题、发表的教学研究论文 （3）获得的教学奖励及主编的教材
下一步课程建设设想（包括教学方法、教学手段及制作在线课程想法等）	

续表

	（请学院课程建设委员会就师资水平做出评价）：
学院 推荐 意见	 　　　　　　　　　　　　　　　　负责人： 　　　　　　　　　　　　　　　　公　章： 　　　　　　　　　　　　　　　年　　月　　日
专家组 意见	 　　　　　　　　　　　　　　专家组组长： 　　　　　　　　　　　　　　　年　　月　　日
学校 主管 部门 意见	 　　　　　　　　　　　　　　　　负责人： 　　　　　　　　　　　　　　　　公　章： 　　　　　　　　　　　　　　　年　　月　　日

相关资料 4

申报 2017 年通识教育核心课程汇总表

学院：　　　　　（盖章）

序号	课程名称	课程代码	学分	学时	已开设年份	课程负责人
1						
2						
3						
4						

相关资料5

A 大学本科通识教育核心课程申报参考选题库

（仅作申报参考；不作必然范围；申报课程名称由学院自主确定）

1. 经典传承与哲学思辨

哲学与人生；社会调查方法与技术；社会调查与研究方法；中国传统文化；中华文化典籍；汉字与中国文化源流；鲁迅与现代中国文化；小说中国；中国楹联文化；"轴心时期"与人类文明；环境与民族历史变迁；地方·社会·国家；中华文明；世界文明；翻译与中国历史文化；外国文学经典研读；唐诗宋词人文解读；中国哲学经典著作导读；视觉素养导论；孙子兵法中的思维智慧；文学修养与大学生活；美学与人生；多元文化与多元社会；跨文化交流；外交学与中国外交；媒介与社会变迁；文化传播与国家形象；公民文化与媒介素养；核心价值观与文化传播；丝绸之路文明启示录；昆曲经典艺术欣赏；伟大的《红楼梦》；古希腊文明；西方社会思想两千年；中外美术评析与欣赏；中国古建筑文化与鉴赏；中国近代史新编；感悟考古；中国民族音乐作品鉴赏；中华国学；丝绸之路漫谈；人文与医学；中国少数民族文化；书法概论；考古与人类；中国古代史；蒙元帝国史；明史十讲；清史；中国近代人物研究；隋唐史；秦汉史；西方文明通论；西方文化名著导读；近代中日关系史研究；中西文化比较；20 世纪世界史；世界古代文明；西方文化概论；文化遗产概览；欧洲文明概论；西藏的历史与文化；清代八旗制度；中国文明史（上）；中国文明史（下）；文化差异与跨文化交际；近代中国的思潮与政治哲学导论；人文经典阅读；逻辑导

论；西方美学与西方艺术；科学哲学导论；哲学与当代中国；西方美学史；西方哲学导论；庄子哲学；伦理学导论；中国美学史；西方哲学史；政治哲学；现代西方哲学；20世纪欧陆哲学；中国古代思想世界；悖论研究；环境伦理学；美国环境思想；逻辑与批判性思维；文学与伦理；文化哲学与文化产业；《四书》精读；近代西方哲学；心理卫生学概论；西方学术精华概论；东方宗教概论；阿拉伯伊斯兰文化；分析哲学概论；西方思想经典；爱哲学与人生。

2. 企业管理与法律素养

生活中的金融学；管理的艺术；管理百年；营运资金管理；运营与管理；西方经济学的奇妙世界；互联网＋供应链管理经济学的世界；法治文明与依法治国；法律与生活；法律与文化；经济与社会伦理；侵权法；创意学经济；大学生劳动就业法律问题解读；商业伦理与东西方决策智慧；职业素质养成；创业管理；海商法；当代中国政府与政治；当代中国与世界认识方法；中国马克思主义与当代；经济学百年；国际经济学；当代中国经济；用经济学智慧解读中国；微观经济学；宏观经济学；比较经济学；个人理财规划；经济与中国经济；管理学精要；传统文化与现代经营管理；国际商务管理；现代大学与科学；中国的社会与文化；广播电视概论；欧洲一体化；商法；法理学；法社会学；商法的思维；大国崛起：中国对外贸易概论；创新、发明与专利实务；刑法学总论；像经济学家那样思考：信息、激励与政策；新兴时代下的公共政策；宪法的魅力；创新中国；中国税制；中国宪制史：从《南京条约》到《临时约法》；中国宪制史：从《临时约法》到《共同纲领》；市场的力量：中国经济改革之思；吾国教育病理；企业绿色管理；运筹学；国际金融；轻松学统计；马克思主义的时代解读；时代音画；社会学与中国社会；民族理论与政策；法律导论；英美侵权法；犯罪通论；刑法学；法学流派与思潮；国际人权法；外国宪法；外国刑法。

3. 科技进步与信息素养

数学文化；数学建模案例与欣赏；数学鉴赏；数据挖掘方法与应用；数学大观；线性代数导航；精算数学；评价与测量中的数学方法；物理学与新技术；走进微电子世界；高分子世界；化学与健康；化学与营养；化学与安全；化学与人类文明；生命中的化学元素；纳米科技与生活；细胞生命科学与人类社会；微生物与人类；生物技术与人类文明；转基因食品与安全；环境与能源；人与环境；生态环境与人类发展；环境与健康；全球主要环境问题及对策；计算机网络技术；数据通信与计算机网络；计算机动画原理与制作；计算机数值仿真及虚拟现实；三维动画设计；动态网站设计与开发；网络虚拟环境与计算机应用；物联网与社会生活；人工智能发展；数字信号处理技术；光通信原理与技术；信息化教学环境建设；教育信息管理与决策；数据库技术与应用；魅力科学；从"愚昧"到"科学"：科学技术简史；从爱因斯坦到霍金的宇宙；现代自然地理学；全球变化与地球系统科学；化学与人类；食品安全与日常饮食；基础生命科学；什么是科学；科学启蒙；世界科技文化史；文化地理；生命科学与人类文明；微生物与人类健康；数学的思维方式与创新；物理与人类文明；科学通史；景观地学基础；探究万物之理；数学史与数学教育；探索发现：生命；前进中的物理学与人类文明；

数学的奥秘：本质与思维；移动互联网时代的信息安全与防护；科学与文化的足迹；大脑的奥秘：神经科学导论；星海求知：天文学的奥秘；全球变化生态学；家园的治理：环境科学概论；生命科学与伦理；人文的物理学；科幻中的物理学；啤酒酿造与文化；电子资源的检索与利用。

4. 艺术修养与心理素质

中外影视鉴赏；朗读表演与演讲艺术；西方古典音乐鉴赏；中国地方与传统音乐（戏曲）鉴赏；音乐剧表演；视觉艺术与设计；习字与书法艺术；民间工艺设计与制作；博物馆文化；经典艺术欣赏；文艺复兴经典名著选读；西方文明史导论；过去一百年；现代礼仪；中国少数民族生态智慧；中原文化；现代社交与礼仪；西方文学经典鉴赏；神韵诗史；异彩纷呈的民族文化；实用文体写作；经典诗文诵读与赏析；心理学与生活；社会心理学；社会性与人格发展；心理学概论；体育与健康；体育保健学；民族传统体育项目赏析；大众流行健身项目理论与实践；教学课件设计与制作；数字动画艺术与设计；艺术与审美；中国古典诗词中的品格与修养；敦煌的艺术；世界著名博物馆艺术经典；外国建筑赏析；视觉与艺术；跨文化沟通心理学；图说人际关系心理；沟通心理学；职场沟通；探索心理学的奥秘；中华诗词之美；中国书法史；中国陶瓷史；东方文学史；中西文化与文学专题比较；美学原理；文艺美学；东方电影；美术概论；古代名剧鉴赏；世界建筑史；文艺学名著导读；中西诗学比较研究；艺术美学；西方美术欣赏；中国古建筑欣赏与设计；漫画艺术欣赏与创作；艺术导论；公共日语；大学语文；穿

T恤听古典音乐；抽象艺术学；《西游记》鉴赏；电影与幸福感；中国现代文学名家名作；人人爱设计；声光影的内心感动：电影视听语言；从草根到殿堂：流行音乐导论；深邃的世界：西方绘画中的科学；多元对话：比较文学概论；中国现代新诗；《西厢记》赏析；艺术鉴赏；设计与人文：当代公共艺术；西方现代艺术赏析；大学英语过程写作；私法英语表达；钢琴艺术赏析；中华传统文化之文学瑰宝；基本乐理（上）；基本乐理（下）；西学经典：修昔底德《战争志》；西方文论原典导读；诗意的人学：西方文学名著欣赏；聆听心声：音乐审美心理分析；中华传统文化之戏曲瑰宝；中国戏曲·昆曲；艺术哲学与审美问题。

5. 创新创业思维与视野拓展

创新工程实践；创业企业战略与机会选择；大学生创业基础；创行——大学生创新创业实务；设计创意生活；易学实用的创业管理；创客来了；创业管理——易学实用的创业真知；创造性思维与创新方法；教育科学研究方法；汽车行走的艺术；奇异的仿生学；物理与人类生活；走进航空航天；创践——大学生创新创业实务；互联网与营销创新；大学生创业概论与实践；创新学；创新创业学；天文漫谈；保险与生活；新媒体与社会性别；证券投资分析与智慧人生；国际税收网链上的舞者；统计方法与资料分析；科研方法论创新创业；大学生创新基础；网络创业理论与实践；创新思维训练品类创新；微商创业指南；创新创业大赛赛前特训；商业计划书的优化；创业创新执行力；创业创新领导力；创业基础；创业管理实战；大学生创业导论；商业计划书制作与演示；创业人生；创业法

学；人际传播能力；公共关系与人际交往能力。

6. 生态环境与工程安全

环境与可持续发展；生命科学导论；诺贝尔生理学或医学奖史话；工业生物技术及其应用；生物技术发展历史；生物医用材料；药理学；药物先进制造进展；制药工程的挑战与机遇；制药工程专业新生导航走近核科学技术；人文视野中的生态学；大学化学；食品保藏探秘；生态文明；生态学；食品安全；可再生能源与低碳社会；解码国家安全；关爱生命——急救与自救技能；地球环境与人类社会；自然资源与社会发展；矿产资源经济概论；自然保护学；生态学导论；人类生存发展与环境保护；全球环境问题；环境科学导论；环境材料导论；环境伦理概论；人口资源环境社会学；现代城市生态与环境学；人类发展与环境变迁。

A大学校长办公室　　主动公开　　2017年11月28日印发

附录 2

A 大学关于开展通识教育课程认定的通知

各学院及有关部、处：

为进一步深化教育教学改革，推动高等教育内涵式发展，贯彻学校第二次教育教学工作会议精神，推进本科教育从专业教育为主向通识教育和专业教育相结合转变，全面构建通识教育课程体系，提高课程建设质量，学校决定启动通识教育课程认定工作，现将有关事宜通知如下：

一、通识教育课程定位及模块设置

（一）课程内涵

通识教育是指面向不同学科背景学生开展的，着眼于学生的精神成长、能力提高和知识结构优化的教育。通识教育课程是人才培养的重要载体、课程体系的重要组成部分，是实施素质教育，完善学生知识结构、开阔学生视野、发展学生综合能力、加强学生全面素养、培育学生健全品格的重要途径。通识教育课程旨在引导学生广泛涉猎不同学科知识领域，增进学生对自身、社会、自然及其关系的理解，培养健全的人格、宽容的态度、开阔的视野、批判的思维、高度的社会责任感和人文关怀，以及追求真理的精神。

（二）模块设置

根据第二次教育教学工作会议精神，构建"六模块"通识教育课程体系。"六模块"指经典传承与哲学思辨、企业管理与法律素养、科技进步与信息素养、艺术修养与心理素质、创新创业思维与视野拓展、生态环境与工程安全等六大模块。

1. 经典传承与哲学思辨

主要涵盖哲学、历史、文学等学科领域，帮助学生了解历史知识和文化底蕴，学习哲学分析的方法，培养思辨能力和批判精神；使学生学会用历史的方法、以历史的眼光认识事物。开拓国际视野，提升学生语言运用能力和跨文化交流能力。

2. 企业管理与法律素养

主要涵盖经济、管理、法学等学科领域，使学生熟悉企业管理的基本原理和法律的一些基本知识，正确认识和处理企业管理中面临的问题，培养学生的管理思维和能力，树立法律意识和观念，帮助学生更好地融入社会、认识社会。

3. 科技进步与信息素养

主要涵盖理学、工学等学科领域，使学生认识自然科学与工程技术对于人类社会的重要性，学习信息技术及相关知识，了解重要的科学事实、概念、原则和理论，理解科学的本质和科学方法，学会运用科学知识和思维方法处理问题，帮助学生提高信息素养和科技意识。

4. 艺术修养与心理素质

主要涵盖艺术、心理学等学科领域，学习艺术和心理相关知识，旨在引导学生探索人生的意义与多元价值，培养学生的艺术修养，提高心理素质，提升学生的鉴赏力、想象力、表现力、沟通和交流能力、学习能力，提高心性修养，达到身心健康、和谐发展的目的。

5. 创新创业思维与视野拓展

本模块属于交叉学科领域，通过学习创新创业的基础知识，了解创新创业教育发展的内在规律，掌握基本思维方式、相关技能方法，培养创新意识，开阔视野，提升创新创业能力。

6. 生态环境与工程安全

本模块属于交叉学科领域，通过学习生态学、环境学、工程学、安全学等相关知识，增强环保意识和安全意识，提升环境监测、环境保护、工程管理的能力，实现"人与自然的和谐相处"。

二、通识教育课程认定

请各学院加强通识课程建设，依据学院学科优势和特色，开设符合学校通识课程定位及模块设置的课程。原则上每个学院开设不少于10门通识教育课程。

（一）认定范围

凡已在学校开设的公共选修课或者将要开设的通识教育课程均需申报认定。

（二）认定要求

1. 课程内容：所有申报课程均需符合通识教育课程定位，明确课程模块归属，精心设计教学内容，完善课程教学大纲。

2. 学分设定：通识教育选修课一般为1—1.5学分（24学时/学分），课程教师应积极开展教学方法改革，精讲多练，压缩课内讲授学时，增加课外实践和学习指导，做到课内外相结合。

3. 材料提交：申报认定的教师填写《A大学通识课认定申请表》（一式两份）、《A大学课程教学大纲》（一份）纸质版及电子版交所在教学单位审核签署意见，由教学单位统一报至教务处教学科。申报单位需填写并提交《A大学通识教育课程认定汇总表》电子文档以及纸质盖章版1份。

4. 报送材料截止时间：2017年12月20日。

报送纸质材料地点。

电子版材料发邮箱。

联系人。

三、关于通识教育课程开设的说明

1. 只有通过本次认定的课程方可纳入通识教育课程库，并允许开课。

2. 凡参与通识教育核心课程申报但经学校评审暂未通过认

定的课程如符合一般通识教育课程开设要求的课程，可按规定纳入通识教育课程管理。

3. 申请新开的通识教育课程，可按课程认定的相关要求进行开课申报。

四、工作要求

进行通识教育课程建设是推进学校第二次教育教学工作会议精神的重要工作，各单位务必高度重视，全员发动，将文件精神传到所有教师，指导教师按要求进行认定申报。

特此通知

资料：

1. A 大学通识教育课程认定申请表

2. A 大学课程教学大纲（模板）. doc

3. 申报审核通识教育课程汇总表. doc

A 大学

2017 年 11 月 27 日

附件1

A大学通识教育课程认定申请表

（教务处）

填表时间： 年 月

开课单位		课程中文名称	
课程代码		课程英文文名称	

总学时		学分		理论学时		实验学时		实践学时	

课程所属模块选择	□经典传承与哲学思辨 □企业管理与法律素养 □科技进步与信息素养 □艺术修养与心理素质 □创新创业思维与视野拓展 □生态环境与工程安全
授课对象 （含专业、年级）	
先修课程	
开课学期	□ 春季学期 □ 秋季学期 □ 小学期
所用教材或讲义	作者名，教材名（版次），出版社，出版社所在地，出版年份

开课教师		年龄		职称	
电 话		电子邮箱			

近三年来本门课程的开课、选课情况及学生评价情况：

续表

开课单位 意见	负责人签字： 盖章： 年　月　日
专家组 意见	专家组组长： 年　月　日
学校主管 部门意见	负责人： 盖　章： 年　月　日

注：＊开课教师若为多位请另附说明

212

A大学《　　　　》教学大纲

一、课程基本信息

课程代码 （已开设课程填写）							
课程信息 （仅新开课程填写）	所属 学科			知识 领域			
总学时		学分	理论 学时		实验 学时		上机 学时	
课程中文名称							
课程英文名称							
适用专业							
开课学期	□ 春季学期　　　□ 秋季学期　　　□ 小学期						
预修课程（名称）							
并修课程（名称）							
课程简介	（约300字）						
建议教材	作者名，教材名（版次），出版社，出版社所在地，出版年份						
参　考　书	（应该有外文参考书）						

二、课程教育目标

三、理论教学内容与要求

四、实践教学内容与要求

五、作业

六、考核方式

七、成绩评定

八、执笔人

Syllabus for _____

I. General Information

Course Code (if applied)									
Course Information (for new course only)	Academic Discipline				Knowledge Domain				
Total Class Hours		Credits		Lecture Hours		Laboratory Hours		Computer Lab Hours	
Course Title (in Chinese)									
Course Title (in English)									
Applicable Majors									
Semester Available	☐ Spring　　☐ Autumn　　☐ Summer								
Prerequisites (Course Title)									
Corequisites (Course Title)									
Brief Course Description	Approximately 300 words.								
Textbooks Recommended	Including author (s), title (with edition no.), publisher, location of publisher, date of publication.								
References	Reference books in foreign languages should be included.								

II. Teaching Objectives

III. Teaching Content and Requirements for the Lecturing Part

IV. Teaching Content and Requirements for the Practical Part

Ⅴ．Assignments

Ⅵ．Grading

Ⅶ．Assessment

Ⅷ．Author

A 大学通识教育课程认定汇总表

开课单位（盖章）：

序号	课程名称	课程代码	课程所属模块	学分	学时	已开设年份	课程负责人

A 大学校长办公室　　主动公开　　2017 年 11 月 28 日印发

附录3

俄罗斯高等学校文凭专家
教育大纲专业和方向目录1

专业（方向）类别	具体科目	教育对象
自然科学专业	数学、应用数学及信息学、物理学、力学、天文学、化学、地质学、地球物理学、生物学、动物学、植物学、生物化学、生物物理学、微生物学、地理学、水文学、海洋学、土壤学、生态学、生态地质学、自然资源开发、无线电物理和电子学、医学物理学、微电子学和半导体装置、地球和行星物理学、人类学、遗传学	文凭专家
人文－社会学专业	哲学、政治学、社会学、神学心理学、文化学、历史学、艺术学、博物馆学、法学、新闻学、出版和编辑、书籍推广、语文学、宗教学、体育文化及体育、医学心理学、东方学、非洲学、法律保护	文凭专家

续表

专业（方向）类别	具体科目	教育对象
教育专业	信息学、专业教育、农业工程、农业、采矿、计算和电脑技术、汽车制造和技术装置设计、资料整理、冶金工业环境保护及自然资源开发、森林资源再生、粮食生产、商品生产、经济学与管理工艺学与生产、音乐教育、描写艺术、学前教育学与心理学、教育学与心理学、教育学与学前教育方法、社会教育学、专业心理学、数学、物理化学、文化学、法学、历史、地理、生物、母语与文学、体育文化、外语、生命保护	文凭专家
医学专业	医疗、儿科学、预防方法、药剂学、医护学、医学控制、医学生物化学	文凭专家
文化与艺术专业	表演艺术、电影导演、电影制作、戏剧、舞蹈理论与历史、芭蕾舞教育学、指挥艺术、作曲、舞台艺术、写生、素描、雕塑、碑文艺术、工艺美术、设计、室内艺术、文学创作、图书馆信息、博物馆及文物保护、民族艺术创作、社会文化活动、艺术修复、戏剧演出及节日活动策划、动画导演民族音乐、建筑艺术	文凭专家

续表

专业（方向）类别	具体科目	教育对象
经济与管理专业	经济学理论、劳动经济学、金融与信贷、会计分析及审计、世界经济、民族经济、企业经济与管理、国家和市政管理、组织管理、销售学、统计学、经济学中的数学方法、人员管理	文凭专家
信息安全领域的专业	计算机安全、信息保护技术和组织、信息工程综合保护、自动化体系信息安全综合保证、信息安全、电视交流体系	文凭专家
服务类专业	社会－文化服务及旅游、家政、服务	文凭专家
农业及市场经济领域专业	动物技术学、兽医学、工业及农产品加工技术、水资源及水文化、工业捕鱼业	文凭专家
跨学科专业	社会人类学、国际关系学、地方志、团体联合、社会工作、法律鉴定、广告学、文献学及文献管理保证、海关事务、反批判管理、商业及商业鉴定（应用）、税收与税制、商业贸易、实用信息学、信息系统的数学保证及行政管理	文凭专家

资料来源：根据高等职业教育专业和方向目录［EB/OL］. 俄罗斯教育网，2007－09－11. 整理.

附录 4

俄罗斯高等学校文凭专家
教育大纲专业和方向目录 2

专业（方向）类别	具体科目	教育对象
自然科学和数学方向	数学、应用数学与信息学、力学、物理学、化学、生物学、土壤学、地理学、水文－气象学、地质学、生态学与自然资源开发、实用数学、实用力学、无线电物理学、应用数学与物理学、数学及计算机科学	学士、硕士
人文及社会经济科学方向	文化学、神学、语文学、哲学、语言学、新闻学、图书事业、历史学、政治学、心理学、社会工作、社会学、地方志、法学、管理学、经济学、建筑学、行为艺术、体育文化、商业贸易、统计学、宗教学、东方学和非洲学、国际关系	学士、硕士
冲突学	学士	
文化与艺术方向	审美艺术	硕士
人文与社会经济科学方向	实用信息学	学士、硕士

续表

专业（方向）类别	具体科目	教育对象
文化与艺术方向	音乐艺术、戏剧艺术、艺术修复、设计、工艺美术及国民手艺、芭蕾舞艺术、文学创作、描绘艺术（线条、写生、雕塑）、电影艺术、图书馆信息资源、国民艺术文化、社会文化活动	学士、硕士
教育科学方向	自然科学教育、物理－数学教育、语文学教育、社会经济教育、技术教育、教育学、艺术教育、音乐艺术与教育管理	学士、硕士
技术科学方向	建筑、管理自动化、电视交流、冶金、采矿、电子和微电子学、化学和生物技术、热电学、飞机设计、电子资源设计与技术、纺织品技术与设计、电子动力学及电子技术学、陆上运输体系、仪器制造、新材料技术、电子能源、技术器械制造、光学技术	
农业科学方向	农业化学和土壤学、农业学、生物技术、自然资源建设、农业工程、林业、渔业、水资源	

资料来源：根据高等职业教育专业和方向目录［EB/OL］．俄罗斯教育网，2007 - 09 - 11. 整理.

致　谢

　　谨以此文衷心感谢一直以来关心北京化工大学高等教育研究所和国家素质教育基地发展的师长、领导、同事和朋友们！

　　衷心感谢尊敬的顾明远教授！

　　衷心感谢北京化工大学文法学院、国家素质教育基地以及高教所的领导、同事们！

　　衷心感谢辽宁省教育科学研究院高等教育研究室副研究员单春艳、首都师范大学教育科学研究院沈蕾娜老师、中央教育科学研究院副研究员郭元婕老师、温州大学教师教育学院副教授刘育光老师、中国计量大学张英英老师、北京化工大学国家素质教育基地副教授包树望老师的大力协助！

　　同时，也衷心感谢高教所以及文法学院公共管理系的学生们：北京化工大学文法学院公共管理专业 2011 级硕士研究生秦聪，公共管理专业 2012 级硕士研究生侯丽媛，化工学院 2012 级硕士研究生向龙，公共管理专业 2013 级硕士研究生蒋梓淇、鲁文静、张欣欣、李博、王君，公共管理专业 2014 级硕士研究生刘净净、贾永芳、汤银珍，公共管理专业 2015 级硕士研究生杨艺、魏克文，公共管理专业 2016 级硕士研究生付建萍、田丽媛、张君科、钱立豪、肖璐、乔佳楠、尤昊越，公共管理专业 2017 级硕士研究生田原、杨琳。

同时也要衷心感谢张金良老师的热心帮助！在此一并致以谢忱！

北京化工大学国家素质教育基地　甫玉龙

北京化工大学高等教育研究所　于颖、申福广

2018 年 7 月 26 日